Το Άρωμα της Αγνής Αγάπης

Σουαμίνι Κρισναμρίτα Πράνα

Mata Amritanandamayi Center, San Ramon
Καλιφόρνια, Ηνωμένες Πολιτείες

Το Άρωμα της Αγνής Αγάπης
της Σουαμίνι Κρισναμρίτα Πράνα

Εκδόθηκε από το:
Mata Amritanandamayi Center
P.O. Box 613
San Ramon, CA 94583
Ηνωμένες Πολιτείες

──────── *Fragrance of Pure Love (Greek)* ────────

Copyright © 2016 από το Mata Amritanandamayi Center, P.O. Box 613, San Ramon, CA 94583
Ηνωμένες Πολιτείες

Με επιφύλαξη κάθε νόμιμου δικαιώματος. Απαγορεύεται η μερική ή ολική φύλαξη μέσω συστημάτων αποθήκευσης δεδομένων, η μετάδοση, η αναπαραγωγή, η αναδημοσίευση ή η μετάφραση σε οποιαδήποτε γλώσσα, με οποιονδήποτε τρόπο και σε οποιαδήποτε μορφή, του περιεχομένου αυτής της έκδοσης χωρίς την προηγούμενη συμφωνία και γραπτή άδεια του εκδότη.

Πρώτη ελληνική έκδοση: Σεπτέμβριος 2016

Σχετικές ιστοσελίδες στα ελληνικά:
www.amma-greece.org
http://ammahellas.wordpress.com/

Ιστοσελίδες στην Ινδία: www.amritapuri.org
Ηλεκτρονική Διεύθυνση: inform@amritapuri.org

Περιεχόμενα

1. Βρίσκοντας ένα Σπίτι Κοντά στο Θεό 7
2. Μια Παιδική Ηλικία Γεμάτη Ευδαιμονία και Μάνγκο 17
3. Γεννημένη να Εξυψώσει την Ανθρωπότητα 25
4. Ο Γκούρου μας Οδηγεί στο Θεό 31
5. Στα Χνάρια της Αληθινής Ομορφιάς 39
6. Η Μητέρα της Κατανόησης 45
7. Το Άρωμα της Αγάπης 51
8. Η Αγάπη Ενός Τέλειου Δασκάλου 57
9. Μετατρέποντας Πέτρες σε Χρυσό 65
10. Σέβα – η Αλχημεία της Αγάπης 71
11. Ένας Ποταμός Αγάπης 79
12. Εκείνη που Φέρνει τη Βροχή 87
13. Από Χόρτο σε Γάλα 95
14. Υπόκλιση σε όλη τη Δημιουργία 101
15. Η Τέλεια Παράδοση 109
16. Η Ροή της Χάριτος 117
17. Οδηγώντας τα Βήματά μας 123
18. Καλλιεργώντας την Αθώα Πίστη 131

«Δεν ξέρεις πόσο σκληρά προσπάθησα
να βρω ένα δώρο να σου προσφέρω.
Τίποτα δεν φαινόταν άξιο.
Τι νόημα έχει να προσφέρει κανείς χρυσό
στο χρυσωρυχείο ή νερό στον ωκεανό;
Ό,τι κι αν έβρισκα, μου φαινόταν
ότι ετοιμαζόμουν να πάω
μπαχάρια στην Ανατολή.
Δεν χρειάζεται να σου προσφέρω
την καρδιά και την ψυχή μου,
γιατί ήδη τις έχεις.
Γι' αυτό σου έφερα έναν καθρέφτη.
Κοίτα τον Εαυτό Σου και θυμήσου εμένα.»

— Ρουμί

Κεφάλαιο 1

Βρίσκοντας ένα Σπίτι Κοντά στο Θεό

Την πρώτη φορά που είδα την Άμμα, το 1982, καθόταν μέσα σε μια μικρή αχυρένια καλύβα φτιαγμένη από φοινικόφυλλα, συζητώντας με μερικούς ανθρώπους που βρίσκονταν γύρω Της στο πάτωμα. Μόλις μπήκα, η Άμμα αναπήδησε από τη θέση Της και με καλωσόρισε με μια ζεστή αγκαλιά. Η αγάπη Της με ξάφνιασε και κατέκλυσε όλο μου το είναι. Ήμουν σχεδόν σε κατάσταση σοκ, αφού ποτέ ως τότε δεν είχα φανταστεί ότι μπορεί κάποιος να δίνει τόσο απλόχερα αγάπη σ' έναν ξένο.

Είχα μόλις γυρίσει από ένα πνευματικό κέντρο στη Βόρεια Ινδία, όπου ο Γκούρου (πνευματικός δάσκαλος) στεκόταν σε απόσταση από τους πιστούς και κανείς δεν μπορούσε να τον αγγίξει. Κάποιοι πνευματικοί δάσκαλοι αισθάνονται πως η ενέργειά τους μπορεί να διαταραχτεί εξαιτίας της επαφής με άλλους ανθρώπους. Λέγεται ότι η ενέργεια που ρέει μέσα στο σώμα μπορεί να βγει έξω από αυτό μέσω των ποδιών. Έτσι, όταν κάποιος αγγίξει ευλαβικά τα πέλματα ενός δασκάλου μπορεί να πάρει την ευλογία του. Για να προστατέψουν λοιπόν την ενέργειά τους, κάποιοι δάσκαλοι δεν επιτρέπουν τη φυσική επαφή, αλλά μόνο τον χαιρετισμό από απόσταση.

Η Άμμα όμως ήταν πέρα απ' όλα αυτά. Μέσα στην τόση ευσπλαχνία Της, προσέφερε με ενθουσιασμό το σώμα, τη ζωή και την ψυχή Της στον κόσμο. Ήταν απλώς πέρα από την κατανόηση του «πνευματικά εκπαιδευμένου» νου μου. Νόμιζα ότι ήξερα τα πάντα για την πνευματικότητα, όμως η Άμμα γρήγορα μου έδειξε ότι δεν ήξερα τίποτα για την αγνή Θεϊκή Αγάπη. Είχα συγκλονιστεί από την αγάπη και τη στοργή που τόσο αυθόρμητα πήγαζαν από Εκείνη.

Και ευτυχώς για μένα η Θεία Χάρη εκδηλώθηκε, δίνοντάς μου την ευκαιρία να μείνω στο άσραμ της Άμμα, όταν εκεί έμεναν μόνο δεκατέσσερα άτομα.

Η ζωή με την Άμμα μου αποκάλυψε μια εντελώς νέα διάσταση αφοσίωσης, όπου η ροή του νου μου μπορούσε να διοχετεύεται χρήσιμα προς μία κατεύθυνση, μακριά από τον κόσμο. Οι πνευματικές διδασκαλίες που μέχρι τότε διάβαζα ή άκουγα, εκτυλίσσονταν πια σαν πραγματικότητα μπροστά στα μάτια μου, μέσα από τη ζωή και τις πράξεις της Άμμα. Ταυτόχρονα, η Άμμα παρέμενε πάντοτε τόσο ταπεινή. Η ταπεινότητά αυτή είναι μια από τις βαθύτερες διδασκαλίες Της.

Στην αρχή ήταν δύσκολο να κατανοήσω τη συμπεριφορά Της, αφού δεν είχα ξανασυναντήσει ποτέ άνθρωπο που να βρίσκεται σε τέτοια κατάσταση εκστατικής ένωσης με το Θεό. Που και που ξάπλωνε στην άμμο ή πάνω στα γόνατα κάποιου από εμάς τραγουδώντας ύμνους στο Θεό, ή απλά παρασυρόταν σε μια κατάσταση θεϊκής μέθης, κλαίγοντας ή γελώντας σε έκσταση.

Η Άμμα μας καθοδηγούσε στις καθημερινές πνευματικές μας πρακτικές, ενθαρρύνοντάς μας να επιλέξουμε τη μορφή κάποιας Θεότητας – εκτός από τη δική Της μορφή– για να συγκεντρωνόμαστε στο διαλογισμό. Για να αυξηθεί η αφοσίωσή μας και η δίψα μας για ένωση με το Θεό, χρειαζόταν να λαχταρούμε μια Θεϊκή μορφή που δεν ήταν ήδη κοντά μας. Ευτυχώς για εμάς, η μορφή της Άμμα ήταν πάντα προσιτή, διαθέσιμη σε οποιονδήποτε επεδίωκε τη συντροφιά Της, για πολλές ώρες καθημερινά, ακόμα και κατά τη διάρκεια της νύχτας.

Κάποια στιγμή αποφασίσαμε να χτίσουμε ένα μικρό σπίτι για την Άμμα, για να Της εξασφαλίσουμε λίγη ηρεμία· διαφορετικά έπρεπε να είναι συνεχώς διαθέσιμη, στην υπηρεσία των επισκεπτών, είκοσι τέσσερις ώρες το εικοσιτετράωρο. Στον επάνω όροφο του σπιτιού κατασκευάστηκαν δύο δωμάτια για την Άμμα, ένα για να κοιμάται και ένα για να δέχεται επισκέπτες. Το δωμάτιο του ισογείου το χρησιμοποιούσαμε για διαλογισμό. Τους πρώτους μήνες μετά την κατασκευή του σπιτιού η Άμμα αρνιόταν ν' αφήσει τη μικρή Της καλύβα, γιατί ένιωθε πως τα δύο νέα δωμάτια ήταν μεγάλη πολυτέλεια για Εκείνη. Στην πραγματικότητα, τα δωμάτια ήταν υπερβολικά απλά. Τελικά, και εξαιτίας των επίμονων παρακλήσεών μας, η Άμμα ενέδωσε και μετακόμισε.

Οι μαθητές μαζευόμασταν καθημερινά στο κάτω δωμάτιο για διαλογισμό. Μια μέρα, ένας μπραχματσάρι (άγαμος μαθητής) άρχισε να εξασκεί μία ιδιαίτερη στάση της γιόγκα που δεν είχα ξαναδεί. Όλο περιέργεια, και με ορθάνοιχτα μάτια, παρακολουθούσα πώς ρούφαγε το στομάχι του, μέχρι που γινόταν ένα με την πλάτη και εντελώς κοίλο. Έμεινα έκπληκτη που το ανθρώπινο σώμα μπορούσε να κάνει κάτι τέτοιο!

Σκεφτόμουν, «Ω Θεέ μου, τι συμβαίνει εδώ;», κι όπως κοίταζα επίμονα σοκαρισμένη το εξαφανισμένο στομάχι, η Άμμα μπήκε μέσα, με είδε να χαζεύω και είπε: «Τα κορίτσια θα κάθονται έξω από 'δω και πέρα.»

Από τότε, τα λιγοστά κορίτσια ξεκινήσαμε να καθόμαστε έξω από το δωμάτιο διαλογισμού, στη βεράντα. Ήταν πολύ καλύτερα εκεί, με θέα τα φοινικόδεντρα, την αμμουδιά και τα νερά της λιμνοθάλασσας. Εκεί, έξω στη φύση, συνήθιζα να φαντάζομαι τον Κρίσνα να χορεύει μπροστά μου, καθώς οι σταγόνες της βροχής έπεφταν από τον ουρανό στη γη.

Έμαθα πως η φαντασία μπορεί να γίνει ένα μεγάλο δώρο που μας καθοδηγεί σε μεγάλες περιόδους διαλογισμού. Είναι δύσκολο να πετύχει κανείς τη συγκέντρωση και να τη διατηρήσει για πολύ, η χρήση όμως της φαντασίας μας με θετικό τρόπο μπορεί να μας μεταφέρει σε όλο και υψηλότερα επίπεδα πνευματικότητας.

Η ζωή δίπλα στην Άμμα ήταν ευδαιμονική, δεν έμοιαζε με τίποτε που είχα ζήσει έως τότε, ή που είχα έστω φανταστεί ότι υπήρχε. Υπήρχαν βέβαια και περίοδοι προκλήσεων, επίσης.

Παρά το γεγονός ότι η χαρά της πνευματικής ζωής είναι μοναδική, υπάρχει ένας όρος στην πνευματικότητα γνωστός ως «η σκοτεινή νύχτα της ψυχής». Είναι ένα στάδιο όπου κανείς νιώθει έντονη αγωνία, εγκλωβισμένος ανάμεσα στην κοσμική ζωή και τη θέληση ν' ακολουθήσει το πνευματικό μονοπάτι. Ο πόνος εμφανίζεται γιατί δεν έχουμε ολοκληρωτικά επιλέξει την πνευματική ζωή. Κατά τη διάρκεια αυτής της περιόδου, γνωρίζουμε μεν ότι το πνευματικό μονοπάτι είναι για εμάς μονόδρομος, αλλά νιώθουμε ταυτόχρονα έντονη την έλξη του κόσμου κι αυτό μας δημιουργεί πόνο.

Τα πρώτα χρόνια που ήμουν δίπλα στην Άμμα, ένιωθα ότι περνούσα μέσα από μια τέτοια διαδικασία. Θυμάμαι ότι ντρεπόμουν πολύ να το συζητήσω με οποιονδήποτε. Νόμιζα πως ήμουν η μόνη που περνούσε κάτι τέτοιο κι ένιωθα άσχημα, γιατί πίστευα πως κανείς άλλος δεν μπορούσε να νιώθει τόσο χάλια ή να έχει τόσο απαίσια συναισθήματα. Όταν τελικά εκμυστηρεύτηκα σ' έναν άλλο δυτικό συγκάτοικο στο άσραμ τι περνούσα, μου είπε ότι κι εκείνος είχε ζήσει ακριβώς τα ίδια, τα δύο πρώτα χρόνια που πέρασε κοντά στον πρώτο του Γκούρου. Η συνειδητοποίηση ότι αυτή η «σκοτεινή νύχτα» δεν ήταν ασυνήθιστο φαινόμενο για τους πνευματικούς αναζητητές, με βοήθησε να την υπερβώ.

Η Άμμα αναφέρει ότι η πραγματική πίστη δεν μπορεί ποτέ να κλονιστεί. Εάν κλονίζεται, σημαίνει πως δεν ήταν ποτέ πραγματική. Το καλό αυτής της υπόθεσης είναι ότι όταν καταφέρουμε να ξεπεράσουμε αυτό το στάδιο, η πίστη μας στο Θεό δεν γίνεται πια να χαθεί ξανά. Είναι κοινά ομολογημένη εμπειρία ότι τα δύο πρώτα χρόνια της ζωής σ' ένα άσραμ είναι η δυσκολότερη περίοδος, αφού καλείται κανείς να κάνει όλες τις δυνατές προσαρμογές σ' έναν εντελώς νέο τρόπο ζωής.

Η Άμμα έρχεται να μας θυμίσει ότι δεν είμαστε απομονωμένα νησιά, αλλά ότι αποτελούμε όλοι κρίκους της ίδιας αλυσίδας. Όλοι πρόκειται να βιώσουμε πάνω κάτω τα ίδια πράγματα σε αυτή τη ζωή, απλά με λίγο διαφορετικό τρόπο.

Η συμβουλή της Άμμα εκείνο το διάστημα της δοκιμασίας μου, ήταν ότι έπρεπε ν' αναπτύξω την προσήλωσή μου είτε απέναντι στην Ίδια είτε απέναντι στο άσραμ. Παραδόξως, επέλεξα το δεύτερο.

Είχα πάει να ζήσω με την Άμμα, ώστε Εκείνη να γίνει ο Γκούρου μου και να με καθοδηγεί. Όμως, σχεδόν όλοι οι άλλοι είχαν πάει να ζήσουν με την Άμμα, ώστε εκείνη να γίνει η Μητέρα τους. Κατά συνέπεια, ανέπτυσσαν πολύ περισσότερο από μένα μια μητρική οικειότητα μαζί Της. Ενώ εγώ, που πρωτίστως Την αντιμετώπιζα ως Γκούρου, δημιουργούσα απόσταση. Παράλληλα με την αγάπη, ένιωθα δέος απέναντί Της, αφού ήταν κυρίως ο Γκούρου μου, οπότε και μου φάνηκε ευκολότερο να επιλέξω την προσήλωση στο άσραμ παρά σε Εκείνη. Χρόνια αργότερα, έμαθα ότι η αίσθηση της «μπάγια μπάκτι», του δέους, είναι ένα αναπόσπαστο κομμάτι της αφοσίωσης στον Γκούρου, που μας αποτρέπει από το να συμπεριφερόμαστε πιο οικεία απ' ό,τι χρειάζεται μαζί του.

Τα πρώτα δέκα χρόνια ταξίδευα μαζί με την Άμμα όπου κι αν πήγαινε. Όταν ο αριθμός των ανθρώπων που έρχονταν μαζί μας ξεκίνησε να μεγαλώνει, ένιωσα ότι ήταν καλύτερο να μένω πίσω και να βοηθώ στη συντήρηση του συνεχώς επεκτεινόμενου άσραμ. Θεώρησα ότι ήταν χρησιμότερο να βοηθώ στις δουλειές στο άσραμ, παρά να ταξιδεύω με την Άμμα κι εκατοντάδες άλλους ανθρώπους. Έτσι κι αλλιώς, για μένα το άσραμ ήταν η ίδια η Άμμα. Λέγεται πως το άσραμ είναι το σώμα ενός Γκούρου, κι έτσι ακριβώς ένιωθα εγώ.

Οι περισσότεροι άνθρωποι λατρεύουν να βρίσκονται κοντά στην Άμμα, αλλά δε νιώθουν απαραίτητα το ίδιο και με το άσραμ. Εγώ όμως είχα ξεκινήσει ανάποδα, αναπτύσσοντας ισχυρό δεσμό με το άσραμ. Και μέσω της εκδήλωσης της πιο βαθιάς Χάρης, είχα τελικά την ευκαιρία να πλησιάσω και την Άμμα.

Η Άμμα ήξερε ότι ήμουν άνθρωπος που χρειαζόταν λίγη απόσταση από Εκείνη, οπότε με τραβούσε πιο κοντά Της σταδιακά, όταν ένιωθε ότι ο χρόνος ήταν κατάλληλος. Ίσως και να ένιωθε ότι χρειαζόταν να δουλέψει λίγο παραπάνω μαζί μου.

Τώρα πια, αγαπώ την Άμμα περισσότερο από το άσραμ, παρόλο που αυτά τα δύο στην πραγματικότητα είναι ένα. Το άσραμ είναι το σώμα του Γκούρου, και το Αμριταπούρι είναι για μένα ο Παράδεισος πάνω στη γη.

Κεφάλαιο 2

Μια Παιδική Ηλικία Γεμάτη Ευδαιμονία και Μάνγκο

Όπου κι αν ταξιδεύουμε οδικώς με την Άμμα, πάντοτε αυτή βρίσκει την ευκαιρία να μας μιλά για την παιδική Της ηλικία. Το πρόσωπό Της φωτίζεται από χαρά κάθε φορά που ανακαλεί τις παλιές εποχές. Μερικές φορές αναρωτιέμαι γιατί επιλέγει να θυμάται τόσο συχνά εκείνες τις μέρες. Ίσως επειδή τότε η ανιδιοτέλεια και η αγάπη ήταν αξίες που έβρισκαν εφαρμογή σε πολύ μεγαλύτερο βαθμό απ' ό,τι τώρα.

Κατά την παιδική ηλικία της Άμμα, οι παραδοσιακές αξίες διαμόρφωναν τη βάση της οικογενειακής και της κοινωνικής ζωής. Η ίδια αναφέρει ότι όλοι ήταν τόσο αφοσιωμένοι στο να μοιράζονται με τους άλλους και να προσφέρουν, ώστε τελικά δεν υπήρχε ανάγκη για περαιτέρω πνευματικές πρακτικές. Με γλυκύτητα αναπολεί τη νιότη Της ξανά και ξανά, για να μας θυμίζει να στηρίζουμε και τη δική μας ζωή στις τόσο ουσιώδεις αξίες της ανιδιοτέλειας, της αγάπης, της προσφοράς και του μοιράσματος.

Κάποτε η Άμμα, μιλώντας σε μια πιστή, περιέγραφε πώς η μητέρα Της κατάφερνε να δουλεύει χωρίς σταματημό. Εξέτρεφε κότες, πάπιες, γίδες και αγελάδες. Έφτιαχνε σχοινί από τις ίνες των μικρών φοινικόδεντρων. Καλλιεργούσε αγιουρβεδικά φαρμακευτικά βότανα στη μπροστινή αυλή και με τα φύλλα τους ετοίμαζε συνταγές για τη θεραπεία διαφόρων ασθενειών, από το βήχα και τον πυρετό μέχρι και τα πρησμένα χέρια. Αν και αμόρφωτη, ήταν μια πολύ καλή επιχειρηματίας και συχνά έβγαζε τα διπλάσια χρήματα από τον άνδρα της. Δούλευε συνεχώς χωρίς να παραμελεί τη φροντίδα της μεγάλης της οικογένειας. Και παρά την τόσο σκληρή εργασία, μπορούσε κι έδειχνε αγάπη σε όλους. Η εργασία της ήταν πραγματικά σκληρή, όμως εκείνη την εποχή καθετί γινόταν με μια στάση λατρείας, οπότε ο νους της ήταν συνεχώς προσηλωμένος στο Θεό.

Μια Παιδική Ηλικία Γεμάτη Ευδαιμονία και Μάνγκο

Όταν η μητέρα της Άμμα μαγείρευε, πάντοτε έβαζε πρώτα λίγη τροφή στην άκρη για τους γείτονες ή άλλους ανθρώπους που είχαν ανάγκη. Η πρώτη της σκέψη ήταν πάντα να δώσει στους άλλους και αυτή η τόσο ανιδιοτελής στάση ήταν τελείως αυθόρμητη εκείνο τον καιρό. Αν έρχονταν επισκέπτες τους έδιναν πάντα το καλύτερο διαθέσιμο φαγητό και άφηναν το ρυζόνερο για το γεύμα των παιδιών. Εκείνα μερικές φορές αντιδρούσαν κλέβοντας γιαούρτι ή κομμάτια καρύδας, τα οποία ανακάτευαν με ζάχαρη και τα έτρωγαν στα κρυφά. Αν τύχαινε όμως οι γονείς ν' ανακαλύψουν τη ζαβολιά, τα κατσάδιαζαν για τα καλά.

Η Άμμα ήταν πάντοτε διαθέσιμη να κάνει οτιδήποτε για να βοηθήσει, όταν στο σπίτι τους έρχονταν επισκέπτες. Όταν τέλειωναν τα στεγνά ξύλα, ανέβαινε στα φοινικόδεντρα να κόψει ξερά φύλλα για ν' ανάψουν φωτιά για το τσάι. Πολλές φορές, όταν δεν μπορούσαν να βρουν την Άμμα, η μητέρα Της την ανακάλυπτε άξαφνα πάνω σε κάποιο δέντρο. Τότε, μαλώνοντάς την Της έλεγε: «Μόνο ένας αναρριχητής φοινικόδεντρων θα μπορέσει να σε παντρευτεί!» Σε τέτοιες περιπτώσεις, η Άμμα γρήγορα άλλαζε θέμα.

Όταν στο χωριό γινόταν κάποιος γάμος, όλοι βοηθούσαν προσφέροντας χρυσά κοσμήματα ή λίγα χρήματα, ώστε να βοηθήσουν τους νεόνυμφους στη νέα τους ζωή. Κανείς εκείνες τις εποχές δεν σκεφτόταν να κάνει οικονομίες για το μέλλον, όλοι έδιναν ό,τι είχαν.

Οι πλούσιοι συχνά νιώθουν ότι έχουν την ελευθερία να κάνουν ό,τι θέλουν. Αν, όμως, δεν υπάρχουν μέσα τους οι αξίες της ανιδιοτελούς αγάπης και της θέλησης για σκληρή δουλειά με τη σωστή στάση, τότε η αναζήτηση της πραγματικής ευτυχίας θα αποδειχτεί μεγάλη πρόκληση γι' αυτούς. Σήμερα, οι αρετές των ανθρώπων χάνονται πολύ γρήγορα. Στην Ινδία αλλά και σε όλο τον κόσμο, αρχαίες αξίες και αρχές διαβρώνονται ολοένα και πιο γρήγορα.

Ολόκληρη η «φιλοσοφία» και η πνευματική διδασκαλία της Άμμα βασίζονται στην αξία της προσφοράς και στη χαρά που αυτή χαρίζει. Επιπλέον, προσπαθεί να κρατήσει ζωντανές αυτές τις αξίες όντας η Ίδια ένα τέλειο παράδειγμα για όλους εμάς. Η Άμμα προσωποποιεί το ιδανικό της αγνής ανιδιοτέλειας μέσα από την ίδια Της τη ζωή. Κι αν συχνά συμβουλεύει τους αρρώστους να ξεκουράζονται, η Ίδια δεν το κάνει ποτέ. Η πλειονότητα των ανθρώπων προσπαθούν συνήθως να κάνουν τη ζωή τους ευκολότερη, διαλέγοντας τον πιο γρήγορο και βολικό δρόμο, σκεπτόμενοι πάντοτε τι μπορούν να κερδίσουν. Αντιθέτως, η Άμμα παραμένει πάντοτε στο παραδοσιακό, αγνό Της μονοπάτι, χωρίς ποτέ να συμβιβάζει τις αξίες της αγάπης και της συμπόνιας. Πάντοτε σκέπτεται μόνο τι μπορεί να δώσει.

Η Άμμα αναγνωρίζει παντού και πάντα τη Χάρη και το θαύμα του Θεού. Από μικρή γνώριζε ότι ο Θεός είναι παντού· στους τοίχους, στα δέντρα, στα φυτά, στις πεταλούδες, πραγματικά παντού. Θυμάται πώς κυνηγούσε τις λιβελούλες, τις πεταλούδες, τις μέλισσες και τα πουλιά στο δάσος γύρω από το σπίτι Της. Μερικές φορές οι μέλισσες και οι λιβελούλες την τσιμπούσαν όταν τις έπιανε, γιατί δεν καταλάβαιναν ότι ήθελε απλά να τους τραγουδήσει. Έφτιαχνε τραγούδια τελείως αυθόρμητα, καθώς χόρευε ευδαιμονικά μέσα στο δάσος λέγοντας ιστορίες στα δέντρα και στα λουλούδια. Μιλούσε στη φύση σαν να ήταν καλή Της φίλη, κι εδώ που τα λέμε, για την Άμμα πραγματικά ήταν.

Όταν ταξιδεύουμε με αυτοκίνητο και τυχαίνει να δει κάποιο ποτάμι, η Άμμα θυμάται πώς όλα τα παιδιά κολυμπούσαν στα νερά της λιμνοθάλασσας. Τα κορίτσια, αν δεν τους επιτρεπόταν να κολυμπήσουν, σήκωναν τα φουστάνια τους μέχρι τα γόνατα και τσαλαβουτούσαν. Με αυτόν τον τρόπο και έμπαιναν στο νερό και τα ρούχα τους παρέμεναν στεγνά, ώστε οι μητέρες τους να μην καταλάβουν ότι τις είχαν παρακούσει.

Όταν η Άμμα ήταν μικρούλα και φυσούσε δυνατός αέρας, έτρεχε μαζί με όλα τα παιδιά κάτω από τα δέντρα των μάνγκο και προσευχόταν θερμά να πέσουν φρούτα στο έδαφος. Σήμερα, ακόμη, το θρόισμα και μόνο των φύλλων στα δέντρα Της θυμίζει εκείνες τις αθώες προσευχές.

Στο σημερινό κόσμο, ολόκληρη η Δημιουργία ζητά το θεραπευτικό χάδι της Θεϊκής Μητέρας —όχι μόνο οι άνθρωποι, αλλά και η ίδια η Μητέρα Φύση. Καθώς η Άμμα μεγάλωνε, η βαθιά σχέση που είχαν οι χωρικοί με τη Μητέρα Φύση τους έκανε να εκτιμούν την ανιδιοτέλεια Της. Σήμερα όμως συμβαίνει το αντίθετο: η έλλειψη σεβασμού οδηγεί σε μία συνεχή καταστροφή της φύσης. Για να προστατέψουμε τον κόσμο στον οποίο ζούμε, χρειάζεται να αποκαταστήσουμε τις διαχρονικές αξίες της φροντίδας και του σεβασμού απέναντι σε όλα τα όντα.

Λίγα χρόνια πριν, στο νησί του Μαυρίκιου, η Άμμα επέμενε να πάει σε μια συγκεκριμένη γειτονιά, ώστε να ευλογήσει ένα σπίτι και τους ιδιοκτήτες του. Η οικογένεια όμως δεν ζούσε πια εκεί και το σπίτι είχε μείνει άδειο. Όλοι οι υπόλοιποι, νιώθαμε ότι ήταν τελείως περιττό να μπει η Άμμα σε τέτοιο κόπο. Μόλις είχε τελειώσει το νυχτερινό ντάρσαν και προτιμούσαμε να πάει να ξεκουραστεί. Εκείνη όμως ήταν αμετάπειστη.

Η Άμμα ήθελε απλά να γυρίσει στο σπίτι που είχε μείνει χρόνια πριν και να πει «ευχαριστώ» στα δέντρα, στα φυτά και στους τοίχους του σπιτιού που Την φιλοξένησε. Μας θύμισε έτσι, να μην ξεχνάμε ποτέ τη βάση από την οποία ξεκινήσαμε και να νιώθουμε πάντα ευγνωμοσύνη.

Κεφάλαιο 3

Γεννημένη να Εξυψώσει την Ανθρωπότητα

Η Άμμα γνώριζε από την πρώτη στιγμή ότι η ζωή Της είχε προορισμό να βοηθήσει στην εξύψωση της πάσχουσας ανθρωπότητας. Οι εκδηλώσεις της απεριόριστης αγάπης Της ξεκίνησαν όταν ήταν ακόμη μικρό κοριτσάκι. Ένιωθε πάντα την ανάγκη να απαλύνει τον πόνο των άλλων με οποιονδήποτε τρόπο μπορούσε.

Η Άμμα βλέπει το Θεό παντού. Και γι' αυτό πέρασε ένα μεγάλο μέρος της παιδικής Της ηλικίας μέσα σε βαθιά ευδαιμονία, παρά τη μεγάλη δυστυχία που παρατηρούσε γύρω Της, εξαιτίας της τρομερής φτώχειας στο χωριό της.

Πολλοί χωρικοί υπέφεραν φριχτούς πόνους γιατί δεν μπορούσαν ν' αγοράσουν ούτε μερικά παυσίπονα. Υπήρχαν οικογένειες που αναγκάζονταν να διακόψουν τα παιδιά τους από το σχολείο, γιατί δεν μπορούσαν να τους αγοράσουν ούτε ένα φύλλο χαρτί για τις εξετάσεις.

Οι μικρές καλύβες όπου ζούσαν οι χωρικοί ήταν φτιαγμένες από πλεχτά φοινικόφυλλα και οι στέγες τους έπρεπε κάθε χρόνο να φτιάχνονται απ' την αρχή, ειδικά πριν από την εποχή των μουσώνων. Όταν δεν είχαν την οικονομική δυνατότητα να το κάνουν, η βροχή συχνά έμπαινε μέσα στο σπίτι τους. Οι μητέρες στέκονταν πάνω από τα κοιμισμένα παιδιά τους όλο το βράδυ κρατώντας ομπρέλες για να τα προστατέψουν από τη δυνατή βροχή. Κι όταν οι ψαράδες δεν κατάφερναν να βγάλουν ψάρια, πράγμα που συνέβαινε συχνά, τότε οι φτωχοί χωρικοί δεν είχαν τίποτα να φάνε.

Κάποιοι σύζυγοι συνήθιζαν να πνίγουν τον πόνο τους στο αλκοόλ, πίνοντας και χαρτοπαίζοντας στην παραλία και όταν γύριζαν σπίτι έδερναν τις γυναίκες τους. Επιπλέον, οι μεθυσμένοι χωρικοί μερικές φορές προκαλούσαν φασαρίες στους δρόμους. Γνωρίζοντας τα όλα αυτά, η Άμμα ήθελε πάντα να βρει έναν τρόπο να φτιάξει ένα μικρό σπίτι, με δύο έστω δωμάτια, για να προστατεύει αυτούς τους ανθρώπους και ειδικότερα τις γυναίκες.

Όταν η Άμμα ήταν παιδί, πολλοί ηλικιωμένοι πήγαιναν κοντά Της όντας δυστυχισμένοι. Πολύ φυσικά και αυθόρμητα Εκείνη τους παρηγορούσε, αφήνοντάς τους να κλάψουν στον ώμο Της ή να καταρρεύσουν στα γόνατά Της. Και αν οι οικογένειές τους έπαυαν εντελώς να νοιάζονται γι' αυτούς, τους έπαιρνε μαζί στο σπίτι Της για να τους ταΐσει, να τους κάνει μπάνιο και να τους ντύσει σωστά.

Σκεπτόμενη τους άλλους, η Άμμα ξεχνούσε τον εαυτό Της, και γινόταν ένας ποταμός αγάπης και συμπόνιας που έρεε προς τους φτωχούς, μετατρέποντας τον πόνο σε ελπίδα, και δημιουργώντας για πολλούς ανθρώπους ένα νέο μέλλον.

Η Άμμα ένιωθε τον καθημερινό πόνο των άλλων σαν δικό Της πόνο. Ποτέ δεν σκεφτόταν αν είχε να κάνει με άνδρες ή γυναίκες. Ανταποκρινόταν αυθόρμητα στις εκκλήσεις των δυστυχισμένων για βοήθεια. Πρόσφερε το όποιο φαγητό και τα λεφτά που είχε ή μπορούσε να βρει, φτάνοντας μερικές φορές στο σημείο να κλέβει από την οικογένειά Της για να βοηθά τους άλλους. Αυτό προκαλούσε τρομερή ένταση στην οικογένεια.

Η αδερφή της Άμμα θυμάται: «Η μητέρα μας δεν την μάλωνε ποτέ που έδινε φαγητό στους φτωχούς, αλλά η Άμμα έδινε σχεδόν ό,τι είχαμε και δεν είχαμε! Πήγαινε επισκέψεις κι όταν γυρνούσε σπίτι έπαιρνε από το σπίτι μας ό,τι χρειάζονταν οι άλλοι και τους τα πήγαινε. Τους έδινε ρύζι, λαχανικά, ρούχα, μαγειρικά σκεύη και άλλα αγαθά. Ανησυχούσαμε ακόμη και για το σαπούνι μας! Εκείνες τις μέρες αυτό το θεωρούσαμε κλεψιά. Μερικές φορές πήγαινα στο μπάνιο και πετούσα το σαπούνι το οποίο η Άμμα είχε χρησιμοποιήσει για να πλύνει ηλικιωμένους, γιατί το σιχαινόμουν και δεν μπορούσα να πλυθώ με αυτό. Συνηθίζαμε να πηγαίνουμε να λέμε στη μητέρα τα καμώματα της Άμμα, κι εκείνη συχνά Την τιμωρούσε και μερικές φορές Την έδερνε κιόλας. Μόνο τώρα κατανοούμε ότι η φιλανθρωπία Της πήγαζε από την άνευ όρων αγάπη της. Συχνά απολογούμαι στην Άμμα για όλα όσα Της κάναμε εκείνο τον καιρό, αγνοώντας τη Θεϊκή φύση της».

Η οικογένεια είχε τέσσερα κορίτσια και η κοινωνία εκείνης της εποχής επέβαλλε αρκετούς αυστηρούς κανόνες: Τις γυναίκες δεν έπρεπε ούτε να τις βλέπουν ούτε να τις ακούν. Δεν τους επιτρεπόταν να μιλούν δυνατά –ούτε οι τοίχοι δεν έπρεπε να τις ακούν! Η γη δεν έπρεπε να νιώθει τα βήματά τους. Όφειλαν να είναι ήσυχες, να δείχνουν σεβασμό στους άνδρες και να μην εκφράζουν την άποψή τους.

Η Άμμα και οι αδερφές Της ανατράφηκαν πολύ αυστηρά. Η μητέρα τους τούς έλεγε πως δεν έπρεπε να μιλούν δυνατά, να τρέχουν ή να περπατούν γρήγορα· μπορούσαν να φορούν μόνο ένα μικρό, διακριτικό μπίντι (κόκκινη βούλα ανάμεσα στα φρύδια), και ποτέ δεν έπρεπε να τραβούν την προσοχή επάνω τους.

Μέσα στην ευσπλαχνία Της, η Άμμα συχνά ξεχνούσε τους σκληρούς κανόνες της ινδικής κοινωνίας. Κι όσο μεγάλωνε, τόσο πιο περίεργη γινόταν η συμπεριφορά Της για τα δεδομένα του χωριού. Γρήγορα δραπέτευσε από το μεταλλικό κλουβί που ζούσαν οι γυναίκες εκείνου του καιρού. Όταν άρχισε να δίνει ντάρσαν και ν' αγκαλιάζει ξένους, συμπεριλαμβανομένων και ανδρών, η οικογένεια Της και το χωριό σκανδαλίστηκαν. Πολλοί από τους ανθρώπους που για χρόνια λάμβαναν τη βοήθειά Της, Την έκαναν στην άκρη. Παρ' όλα αυτά, η οικογένειά Της δεν μπορεί να κατηγορηθεί για τη στάση της απέναντι στη συμπεριφορά Της Άμμα. Οι γονείς Της εύλογα ανησυχούσαν, γιατί είχαν τέσσερις κόρες και ήθελαν να τις παντρέψουν, οπότε η ασυνήθιστη συμπεριφορά της Άμμα μπορούσε να αμαυρώσει το όνομά τους στην κοινωνία.

Και πώς θα μπορούσαν, άλλωστε, να γνωρίζουν ότι η περίεργη συμπεριφορά Της ήταν απλά ένα σημάδι του μεγαλείου Της; Τότε, οι σαννυάσιν (Ινδουιστές μοναχοί) ταξίδευαν από χωριό σε χωριό για να διδάξουν στους ανθρώπους την πνευματικότητα. Αλλά η Άμμα, μέχρι τα είκοσι Της χρόνια, ποτέ δεν είχε δει κανέναν τέτοιο μοναχό στην περιοχή που ζούσε. Αποδεχόταν υπομονετικά την άγνοια της οικογένειάς Της και του χωριού, γιατί γνώριζε το σκοπό Της και τι Της επιφύλασσε το μέλλον.

Και, αλήθεια, όταν ένα λουλούδι ανθίζει κι αναδύει εξαίσιο άρωμα και ομορφιά, πώς μπορεί να κρατήσει κανείς τις μέλισσες μακριά του;

Κεφάλαιο 4

Ο Γκούρου μας Οδηγεί στο Θεό

Η Άμμα δεν κάθεται απλά μιλώντας για πνευματικότητα. Την κάνει πράξη καθημερινά, δίνοντάς η Ίδια το τέλειο παράδειγμα στους άλλους με τη ζωή Της. Οι πράξεις Της είναι ισχυρότερες κι από τα διδάγματα των γραφών. Η ιστορία της ζωής Της περιλαμβάνει την πρακτική εφαρμογή όλων των μονοπατιών: κάρμα (ανιδιοτελής υπηρεσία), μπάκτι (αφοσίωση) και γκνιάνα γιόγκα (γνώση).

Η Άμμα μας θυμίζει ότι προορισμός μας είναι η πραγμάτωση της Θεϊκής μας φύσης και προσπαθεί να αφυπνίσει μέσα μας την επιθυμία για την αιώνια ευτυχία. Μέσα από τις πράξεις του Γκούρου μπορούμε να βλέπουμε το Θεό με πρακτικό τρόπο. Δίπλα στην Άμμα, αντιλαμβανόμαστε και νιώθουμε τη Θεϊκή Αγάπη σαν μια δική μας προσωπική εμπειρία.

Ολόκληρος ο κύκλος της σωματικής και πνευματικής μας εξέλιξης είναι τέλεια σχεδιασμένος. Επομένως, χρειάζεται να παραδινόμαστε στο θέλημα του Θεού, ώστε να μπορέσουμε να προχωρήσουμε πέρα από τον πόνο και να φτάσουμε σ' εκείνο το τελικό στάδιο ένωσης με το Θείο. Στην πραγματικότητα, εμείς οι ίδιοι δημιουργούμε όλα μας τα προβλήματα μέσω της αρνητικότητας του νου μας. Χάρη στη συμπόνια του, ο Γκούρου δημιουργεί τις καταστάσεις που καταστρέφουν αυτή την αρνητικότητα, αποδυναμώνουν σιγά-σιγά το εγώ μας και τελικά το διαλύουν.

Αυτό μου θυμίζει μια Ισπανίδα κυρία που επισκεπτόταν το άσραμ και δεν ήξερε αγγλικά. Μια μέρα ήθελε ν' αγοράσει κάτι γλυκό και πήγε στο κυλικείο, όπου όμως ολόκληρο το μενού ήταν γραμμένο στα αγγλικά. Αγόρασε ένα κομμάτι κέικ, γιατί νόμισε ότι στο χαρτάκι με την περιγραφή έγραφε «κέικ χωρίς εγώ». Ένιωσε μέσα της ευγνωμοσύνη για την τόση συμπόνια της Άμμα –που πρόσφερε ένα «κέικ χωρίς εγώ» (without ego)– παρά το γεγονός ότι τελικά η επιγραφή απλά έλεγε «κέικ χωρίς αυγό» (without egg)! Δεν μπορούμε ποτέ να γνωρίζουμε με ποιον τρόπο η Άμμα δουλεύει μαζί μας...

Υπάρχει μια συγκινητική ιστορία για έναν πιστό που κάθε βράδυ παρακολουθούσε τις ομιλίες του πνευματικού του Δασκάλου. Για ολόκληρη την πρώτη χρονιά ο Δάσκαλος αυτός αγνοούσε παντελώς το μαθητή του, παρόλο που εκείνος πάντοτε ερχόταν στο σάτσανγκ (πνευματική ομιλία). Η αδιαφορία αυτή έκανε το μαθητή να νιώθει πολύ απογοητευμένος και συχνά θυμωμένος, αλλά συνέχιζε να πηγαίνει στις ομιλίες κρατώντας το θυμό του υπό έλεγχο.

Τη δεύτερη χρονιά, στην αρχή της ομιλίας, ο Δάσκαλος έκανε νόημα στο μαθητή να πάει και να καθίσει μπροστά του. Ο μαθητής πίστεψε πως επιτέλους ο Δάσκαλος θα του έδινε λίγη προσοχή, αλλά εκείνος συνέχισε να τον αγνοεί επιδεικτικά καθ' όλη τη διάρκεια της ομιλίας.

Όσο ο καιρός περνούσε, ο θυμός του μαθητή σταδιακά μετατρεπόταν σε μια όλο και βαθύτερη θλίψη. Μέσα απ' αυτή τη διαδικασία το εγώ του σιγά σιγά διαλύθηκε και ο νους του σώπασε τελείως. Μία μέρα που ο μαθητής είχε βυθιστεί στη θλίψη, ο Γκούρου ήρθε κοντά του. Άγγιξε τρυφερά το πρόσωπό του και τον κοίταξε βαθιά μέσα στα μάτια. Εκείνη την ίδια στιγμή ο μαθητής φωτίστηκε, με τη χάρη του υπομονετικού και συμπονετικού Δασκάλου του.

Μόνο όταν το εγώ μας αρχίζει να διαλύεται και γινόμαστε τίποτα, είναι που όντως ξεκινάμε να είμαστε κάτι. Μόνο τότε, λέει η Άμμα, αρχίζουμε αληθινά να γινόμαστε μέρος του όλου.

Καθεμιά από τις πράξεις της Άμμα ενσαρκώνει τις διδασκαλίες Της. Μπορούμε να μελετήσουμε χιλιάδες πνευματικά βιβλία και να ακούσουμε εκατοντάδες δημοφιλείς δασκάλους, όμως μονάχα η χάρη κάποιου που έχει εξερευνήσει και τα πιο βαθιά κομμάτια της ψυχής μπορεί να μας οδηγήσει στο στόχο. Πραγματικά, τίποτα άλλο δεν μπορεί να το κάνει.

Η Άμμα λέει ότι δεν είναι η αποστολή Της να μας μιλά για τα πάντα, αλλά ότι εμείς πρέπει να μαθαίνουμε από τη ζωή. Μοιράζεται μαζί μας τόσες πολλές πνευματικές αλήθειες, ξανά και ξανά, και ξανά. Είναι πραγματικά μια πηγή σοφίας. Λατρεύουμε να Τη βλέπουμε και να ακούμε τα σάτσανγκ Της, όμως οι περισσότεροι από εμάς νομίζουμε ότι τα ξέρουμε ήδη όλα. Έχουμε διαβάσει κάθε είδους πνευματικό βιβλίο για κάθε πιθανή παραδοσιακή ή σύγχρονη μορφή πνευματικότητας. Πόσοι, όμως, από εμάς προσπαθούν πραγματικά να εφαρμόσουν τις πνευματικές αρχές;

Στην Περσία του δέκατου αιώνα ζούσε ένας βεζίρης με το όνομα Αμπντούλ Κασέμ Ισμαέλ, ο οποίος ήταν τόσο προσκολλημένος στη γνώση, που δεν μπορούσε με τίποτα να αποχωριστεί τη βιβλιοθήκη των 117.000 βιβλίων του. Όταν ταξίδευε, ένα καραβάνι από τετρακόσιες καμήλες κουβαλούσε όλα του τα βιβλία. Επιπλέον, οι καμήλες ήταν εκπαιδευμένες να προχωρούν κατά την αλφαβητική σειρά των βιβλίων που κουβαλούσαν. Αυτή είναι μια πραγματική ιστορία.

Ακόμα κι όλη τη γνώση του κόσμου να έχουμε μέσα μας, είναι δύσκολο να την ανασύρουμε τη σωστή στιγμή. Γι' αυτό το λόγο χρειαζόμαστε έναν αληθινό Δάσκαλο, όπως η Άμμα, για να μας καθοδηγεί.

Λίγα χρόνια νωρίτερα σε μια από τις περιοδείες στην Ινδία, κατευθυνόμασταν στον επόμενο σταθμό μας, μετά από μια στάση που είχαμε κάνει για κολατσιό στην άκρη του δρόμου. Η Άμμα καθόταν στα πάτωμα του τροχόσπιτού Της κι έφτιαχνε μια χάρτινη βαρκούλα. Μαζί Της ήταν κι ένα μικρό παιδί που Την παρακολουθούσε. Η Άμμα του είπε να προσέχει ώστε να μπορέσει να φτιάξει τη δική του βαρκούλα.

«Κοίταξε προσεκτικά», του είπε και άρχισε να μετρά καθώς δίπλωνε το χαρτί: «Μία, δύο, τρεις, τέσσερις...», διπλώνοντας τελικά δώδεκα φορές το χαρτί. Χρειάστηκαν τόσα πολλά διπλώματα για μια μικρή χάρτινη βαρκούλα. Παρατηρώντας, συνειδητοποίησα πως αυτό ακριβώς κάνει για εμάς ένας πνευματικός Δάσκαλος, μας δείχνει πώς να συνθέσουμε μία μία κάθε μας πράξη, σε μία όμορφη δημιουργία –ίσως μια βάρκα που θα μας βοηθήσει να διασχίσουμε τον ωκεανό της σαμσάρα (τον κύκλο της ζωής και του θανάτου)!

Η Άμμα επανέλαβε τα βήματα δύο φορές για το μικρό αγόρι, αλλά τελικά αποδείχτηκε ότι εκείνο ήθελε μόνο να παίξει με τη βαρκούλα. Δεν το ενδιέφερε να μάθει πώς να φτιάχνει τη δική του. Κατά μία έννοια κι εμείς είμαστε έτσι, καθώς επιθυμούμε πολύ περισσότερο να βρεθεί ένας τρόπος να περνάμε καλά και να διασκεδάζουμε, παρά να χρησιμοποιήσουμε με υπομονή το χρόνο μας για να διδαχτούμε από τα μαθήματα που η ζωή φέρνει μπροστά μας.

Ευτυχώς, η Άμμα μας περιμένει υπομονετικά έως ότου είμαστε έτοιμοι να μάθουμε.

Η Άμμα είναι γνωστή για την υπέρμετρη αγάπη Της, όμως πιστεύω ότι η ικανότητά Της να κάνει υπομονή είναι ακόμα μεγαλύτερη. Με κάθε πράξη Της εφαρμόζει υποδειγματικά όλα εκείνα τα οποία οι γραφές προσπαθούν να μας μεταδώσουν.

Μόνο μία φωτισμένη ψυχή γνωρίζει τις σημαντικότερες πνευματικές αρχές που μπορούν να μας βοηθήσουν στο μονοπάτι. Πρέπει να είμαστε πολύ προσεκτικοί όταν αποδεχόμαστε έναν πνευματικό Δάσκαλο και να μην συμβιβαζόμαστε με τίποτα λιγότερο από έναν άνθρωπο που έχει συνειδητοποιήσει την Ύψιστη Αλήθεια. Τέτοιοι άνθρωποι είναι πολύ λίγοι. Κάποιες φορές διστάζουμε να τους πλησιάσουμε και φοβόμαστε να πάμε κοντά τους, γνωρίζοντας ότι θα δουν γυμνές τις άσχημες, εγωιστικές σκέψεις μας και τις παλιές μας πράξεις. Κι όμως, ο νους τους είναι τόσο καθαρός και η αγάπη τους τόσο πλήρης, που όταν μας κοιτάζουν βλέπουν μόνο τα λάθη ενός αθώου παιδιού.

Μερικοί άνθρωποι αγαπούν τόσο πολύ την Άμμα που Την ρωτούν αν πρέπει ν' αφήσουν την κοσμική ζωή τους για να πάνε να ζήσουν στο άσραμ Της στην Ινδία. Η συνήθης απάντηση της Άμμα είναι ότι δεν υπάρχει τίποτα κακό στην οικογενειακή ζωή, εφόσον ο άνθρωπος κρατά τον ύψιστο στόχο στο νου του. Η Άμμα λέει ότι όπου κι αν πάμε, χρειάζεται να θυμόμαστε να κρατάμε ένα μικρό χώρο μέσα μας για το πραγματικό μας σπίτι: το σπίτι μας κοντά στο Θεό.

Κεφάλαιο 5

Στα Χνάρια της Αληθινής Ομορφιάς

Η ομορφιά έχει γίνει κάτι που κάνουμε στον εαυτό μας, κάτι που φοράμε εξωτερικά, σχεδόν σαν μάσκα. Η Άμμα είναι χαρακτηριστικό παράδειγμα για το πώς η αληθινή ομορφιά ακτινοβολεί από μέσα.

Όπως λέει η Άμμα: «Είναι η ανιδιοτέλεια που επιτρέπει στην ομορφιά μας να λάμψει, διαπερνώντας το κέλυφος του εγώ». Η ομορφιά Της δεν πηγάζει μόνο απ' αυτά που μοιράζεται μαζί μας όταν είμαστε κοντά Της, αλλά και από τις σκέψεις και τα συναισθήματα που Εκείνη εμπνέει μέσα μας. Όσο περισσότερο εκφράζουμε αγάπη και ενδιαφέρον για τους άλλους, τόσο αγνότερες γίνονται οι καρδιές μας και γλυκύτερο το άρωμά μας.

Η Άμμα είναι σαν μια βιομηχανία αρωμάτων, όπου δημιουργούνται οι πιο εξαιρετικές ευωδιές του κόσμου, κι εγώ είμαι απλώς αρκετά τυχερή, ώστε να μου έχει δοθεί μια θέση εργασίας στο εργοστάσιό της, έτσι που λίγο από το άρωμα να έχει αγγίξει κι εμένα, όπως έχει αγγίξει και πολλούς άλλους επίσης.

Όταν ταξιδεύουμε, άνθρωποι όλων των ειδών συγκινούνται από τη θεϊκή ενέργεια της Άμμα —αεροσυνοδοί, καθαρίστριες, το προσωπικό ασφαλείας, επιβάτες, υπάλληλοι του αεροδρομίου και πολλοί άλλοι, οι περισσότεροι από τους οποίους δεν είχαν ποτέ την ευκαιρία να λάβουν το ντάρσαν της Άμμα. Κάποτε, ενώ φεύγαμε από την Ινδία, μια μεγάλη ομάδα αστυνομικών σε υπηρεσία ήρθαν να συνοδεύσουν την Άμμα μέχρι το αεροπλάνο, όπως κάνουν συνήθως. Αυτή η διαδικασία είναι τελείως περιττή, όμως φαίνεται πως είναι η αγαπημένη δουλειά των αστυνομικών, αφού συναγωνίζονται ο ένας τον άλλο για να φτάσουν κοντά Της και να περπατήσουν δίπλα Της.

Όπου κι αν πάμε, περικυκλώνουν την Άμμα προσπαθώντας να Την προστατεύσουν από το πλήθος, ακόμα κι όταν δεν υπάρχει κανείς εκεί! Παρά το ότι συχνά περπατώ με την Άμμα όταν ταξιδεύουμε, δεν ανήκω στη λίστα των σημαντικών ανθρώπων που χρειάζονται συνοδεία, και συχνά περνώ εντελώς απαρατήρητη.

Κάποιες φορές πρέπει να μάχομαι να περάσω ανάμεσά τους για να προλάβω την Άμμα. Εκείνη συχνά με περιμένει, όμως κάποιες φορές απλά δεν μπορώ να ακολουθήσω.

Μια φορά οι αστυνομικοί με μεγάλη χαρά συνόδευαν την Άμμα αφήνοντας εμένα πίσω να πάρω τις βαλίτσες μας από τον ανιχνευτή μετάλλων. Προσπαθούσα να τους προλάβω, αλλά κατέληξα αρκετά λεπτά καθυστερημένη. Ευτυχώς για μένα, η Άμμα είχε αφήσει ίχνη για ν' ακολουθήσω, ανθρώπους σε κατάσταση ευδαιμονίας. Σε όλη τη διαδρομή συναντούσα ανθρώπους που ξεχείλιζαν από χαρά, οπότε μπορούσα να καταλάβω ακριβώς προς ποια κατεύθυνση πήγαινε η Άμμα.

Συνήθως είμαι μαζί με την Άμμα όσο προχωράμε ανάμεσα στο πλήθος, οπότε μπορώ και βλέπω τον ενθουσιασμό των ανθρώπων όταν Την συναντούν, δεν βλέπω όμως πόσο διαρκούν τα αποτελέσματα αυτής της συνάντησης. Περπατώντας μόνη μου εκείνη τη μέρα είχα το χρόνο να παρατηρήσω την έκσταση που σκόρπιζε σε όλους όσους είχαν έρθει σε επαφή μαζί Της. Ήταν σαν να βίωνα ένα κύμα χαράς πάνω στα ίχνη Της!

Η Άμμα είναι ικανή να μας εμπνεύσει όχι μόνο με το ντάρσαν Της αλλά και απλά με μια ματιά, ένα χαμόγελο ή ένα άγγιγμα. Η χαρά της Άμμα πηγάζει αυθόρμητα από την παρουσία Της και ρέει προς εμάς.

Ένα πρωινό σ' ένα πρόγραμμα στο Μπραχμαναστάμ (ναός σχεδιασμένος από την Άμμα) της Μπάνγκαλορ, η Άμμα είπε στους πιστούς να οραματιστούν πως ρίχνουν γάλα, γκι και ροδόνερο στα πόδια της αγαπημένης τους Θεότητας. Όσο όλοι είχαν τα μάτια τους κλειστά σε βαθιά συγκέντρωση, η Άμμα πήρε ένα τριαντάφυλλο που ήταν ακουμπισμένο στο κάθισμά της και το τοποθέτησε δίπλα της από την άλλη πλευρά, μιμούμενη την τοποθέτηση ενός άνθους στα πόδια της αγαπημένης μας Θεότητας.

Μόνο μία νεαρή γυναίκα από το κοινό είχε τα μάτια της ανοιχτά. Αντί να τα κλείσει, χάζευε την Άμμα με αγαλλίαση. Κρατούσε ένα μικρό, κοιμισμένο μωρό φωλιασμένο στον ώμο της. Το ζωηρό βλέμμα της Άμμα συνδέθηκε μαζί της και το πρόσωπό της γυναίκας φωτίστηκε από χαρά. Το χαμόγελο που χάρισε η Άμμα ξεχείλιζε από αγάπη, κι εκείνη η γυναίκα ήταν το μόνο πρόσωπο σε ολόκληρο το κοινό που το είδε. Έσφιξε ενθουσιασμένη το παιδί και έκλεισε ευδαιμονικά τα μάτια της για λίγα δευτερόλεπτα. Έπειτα άνοιξε τα μάτια της ξανά και το πρόσωπό της άστραψε, ξεχειλίζοντας από χαρά.

Πρόσεξα αυτήν την ανταλλαγή και με συνεπήρε η εκστατική στιγμή που η Άμμα έριξε ένα βέλος κατευθείαν στην καρδιά κάποιου ανθρώπου. Βοήθησε εκείνη την πιστή να βιώσει την βαθιά ευδαιμονία που βρίσκεται μέσα στον Εαυτό της. Ένιωσα τόσο χαρούμενη που αυτή η νέα μητέρα μπόρεσε να μοιραστεί μία τόσο προσωπική και ζεστή στιγμή με την Άμμα. Πιθανώς να είχε χρειαστεί να θυσιάσει πολλά πράγματα μόνο και μόνο για να μπορέσει να δει την Άμμα, ακόμα και για ένα πρόγραμμα.

Ήταν πραγματικά όμορφο να βλέπω τη χαρά της. Σχεδόν βίωσα τόση ευτυχία όση κι εκείνη! Είναι σημαντικό να προσπαθούμε να βιώνουμε χαρά μέσα από την ευτυχία άλλων ανθρώπων. Δεν χρειάζεται καν να είμαστε εμείς που πηγαίνουμε για ντάρσαν· μπορούμε να μοιραστούμε την εμπειρία και να νιώσουμε την ίδια ακριβώς χαρά όντας απλά στην παρουσία της Άμμα και παρατηρώντας την επιρροή που έχει σε όλους όσοι είναι γύρω Της. Η Άμμα μπορεί να ανοίξει την καρδιά του καθενός με τον ένα ή τον άλλο τρόπο.

Η Άμμα περνά κάθε δευτερόλεπτο της ύπαρξής Της παρατηρώντας την ομορφιά και την αλήθεια σε καθετί. Βλέπει την ύπαρξη του Θείου σε όλα και όλους και κάνει κάθε δυνατή προσπάθεια να μοιραστεί αυτό το όραμα μαζί μας. Θέλει μόνο το καλύτερο για εμάς, να μας πάρει στο μέρος που Εκείνη κατοικεί και να μας βοηθήσει να βιώσουμε την ίδια πραγματικότητα που βιώνει. Γι' αυτό η Άμμα είναι τόσο όμορφη, επειδή η συμπόνια Της ακτινοβολεί μέσα από κάθε βλέμμα Της. Τα μάτια Της λαμποκοπούν πάντα από Θεϊκό Φως.

Κεφάλαιο 6

Η Μητέρα της Κατανόησης

Η Άμμα κοιτάζει βαθιά κάθε άνθρωπο που έρχεται σε Εκείνη. Βλέπει ότι το εγώ και τα προβλήματά του αναπτύχθηκαν μόνο λόγω του πόνου που βίωσε κάποτε στο παρελθόν. Ενώ εμείς μπορεί να απορρίψουμε έναν άνθρωπο σαν ενοχλητικό, η Άμμα αντίθετα του δίνει αγάπη που ανακουφίζει τον πόνο του. Αυτή είναι η ομορφιά του ποια είναι η Άμμα και τι μας προσφέρει. Μας καταλαβαίνει βαθύτερα απ' όσο μπορούμε εμείς οι ίδιοι να κατανοήσουμε τον εαυτό μας.

Τη μέρα που έκλεινα τα πενήντα μου χρόνια ταξιδεύαμε για ένα πρόγραμμα, όταν η Άμμα γύρισε προς το μέρος μου και ρώτησε: «Τι ημερομηνία έχουμε σήμερα;» Εγώ απάντησα ότι δεν γνώριζα. Τότε η Άμμα ρώτησε τον Σουάμιτζι, αλλά κι εκείνος δεν είχε ιδέα. Ρώτησα τότε τον οδηγό κι εκείνος μας είπε την ημερομηνία.

«Ω!», φώναξα... κι αυτό το επιφώνημα μου βγήκε έτσι αυθόρμητα.

Η Άμμα ρώτησε τι συμβαίνει κι εγώ απάντησα: «Άμμα είναι τα πεντηκοστά μου γενέθλια σήμερα, μόλις το συνειδητοποίησα». Αργότερα, κάποιοι πιστοί έμαθαν για τα γενέθλιά μου και φρόντισαν να βρουν μια τούρτα και κανόνισαν να λάβω ένα ειδικό για την περίσταση ντάρσαν γενεθλίων. Ήταν μια όμορφη έκπληξη και εμπειρία εκείνη τη στιγμή, όμως το να γιορτάζω τα γενέθλιά μου ήταν κάτι που δεν συνήθιζα να κάνω. Οι μοναχοί κανονικά δεν γιορτάζουν τα γενέθλιά τους, κι εγώ ποτέ δεν θα το θύμιζα ποτέ στην Άμμα επίτηδες. Τότε, με τρόμο συνειδητοποίησα ότι οι πάντες πλέον είχαν μάθει πότε ήταν τα γενέθλιά μου!

Δυο χρόνια αργότερα, κάποιοι πιστοί αποφάσισαν να κανονίσουν ξανά μια γιορτή γενεθλίων για μένα. Γνωρίζοντας ότι μπορεί να συνέβαινε κάτι τέτοιο, τους ζήτησα επανειλημμένα και εκ των προτέρων, ότι δεν επιθυμούσα να κανονίσουν τίποτα ιδιαίτερο εκείνη την μέρα.

Φαίνεται όμως ότι τους είχε συνεπάρει το πνεύμα των γενεθλίων κι έτσι ετοίμασαν την τούρτα και μου είπαν να πάω στην Άμμα για ντάρσαν. Θύμωσα πολύ όταν το έμαθα κι αρνήθηκα ν' ανέβω στη σκηνή. Ήταν μια φοβερά πολυάσχολη ημέρα για την Άμμα μ' ένα τεράστιο πλήθος να συμμετέχει στο πρόγραμμα. Εκείνοι όμως οι ταραξίες των γενεθλίων πήγαν στη σκηνή να ζητήσουν από την Άμμα να με φωνάξει Εκείνη. Η Άμμα τους κοίταξε περίεργα και είπε: «Δεν ξέρω αν θα της άρεσε κάτι τέτοιο, θα πρέπει να της πείτε ότι δεν χρειάζεται να έρθει αν δεν το θέλει».

Όταν μου μετέφεραν τι είχε πει η Άμμα ένιωσα πολύ χαρούμενη. Ένιωσα ότι υπάρχει τουλάχιστον ένας άνθρωπος που πραγματικά με καταλαβαίνει. Η Άμμα γνώριζε τα συναισθήματά μου για τις γιορτές των γενεθλίων. Ήταν το μεγαλύτερο δώρο που μπορούσα ποτέ να πάρω, να γνωρίζω ότι η Άμμα με κατανοεί πραγματικά, ακόμα κι όταν κανείς άλλος δεν μπορεί.

Η Άμμα είναι η Μητέρα όλων μας, αποδέχεται και φροντίζει τον καθένα και νοιάζεται για όλα τα όντα πραγματικά ισότιμα. Ακούει κάθε λεπτομέρεια και αναγνωρίζει κάθε πτυχή του ψυχισμού και των συναισθημάτων μας, εκείνων που συνειδητοποιούμε καθώς επίσης κι εκείνων που κείτονται βαθιά μέσα στο υποσυνείδητο.

Κάποιες φορές, όταν η Άμμα ξεκινά μια ιστορία στα σάτσανγκ της, μπορεί να σκεφτούμε: «Ω, αυτήν την ιστορία την έχω ξανακούσει». Όμως αν είμαστε ανοιχτοί και έχουμε επίγνωση, μπορούμε να κατανοήσουμε πράγματα σε διαφορετικά επίπεδα κάθε φορά που την ακούμε. Μερικές φορές παίρνει χρόνια να συνειδητοποιήσουμε ότι η Άμμα απαντά σε κάτι μέσα μας που είναι πολύ βαθύτερο απ' όσο θα μπορούσαμε να είχαμε ποτέ φανταστεί· πολύ βαθύτερο από την επιφάνεια των πραγμάτων στην οποία στεκόμαστε συνήθως.

Η Άμμα καταλαβαίνει τον κάθε άνθρωπο καλύτερα κι από τους ίδιους τους γονείς του. Οι γονείς μπορεί ν' αγαπούν τα παιδιά τους, αλλά αυτό δεν σημαίνει ότι τα καταλαβαίνουν πραγματικά. Γνωρίζω έναν νεαρό έφηβο που είχε μια απραγματοποίητη επιθυμία. Είχε τρυπήσει τ' αυτιά του με μικρά σκουλαρίκια, όμως ήθελε να πάρει ένα ζευγάρι μεγαλύτερα, που ήταν πιο πολύ στη μόδα. Ρώτησε λοιπόν τους γονείς του αν θα μπορούσε ν' αγοράσει τα σκουλαρίκια αυτά.

Εκείνοι είπαν: «Όχι, αποκλείεται». Ήταν εντελώς ενάντιοι στην ιδέα. Έπειτα, μια μέρα ο έφηβος πήγε για ντάρσαν στην Άμμα κι εκείνη του είπε: «Ω, πολύ όμορφα σκουλαρίκια, δεν νομίζεις όμως ότι ένα ελαφρώς μεγαλύτερο μέγεθος θα σου πήγαινε καλύτερα;» Το αγόρι πήγε πίσω στους γονείς του λέγοντας: «Βλέπετε; Η Άμμα με καταλαβαίνει καλύτερα από εσάς!»

Η Άμμα ήταν συντονισμένη με τον έφηβο και τις επιθυμίες του. Αυτό συμβαίνει συνεχώς, γιατί η Άμμα γίνεται ένα με την αίσθηση του ποιοι πραγματικά είμαστε. Επειδή Εκείνη γνωρίζει τον Εαυτό της, γνωρίζει ποιοι είμαστε εμείς, επίσης. Εμείς δεν γνωρίζουμε καθόλου ποιοι είμαστε. Όλα όσα ξέρουμε είναι οι σκέψεις και τα συναισθήματα που πάντα συννεφιάζουν το νου μας. Αυτές οι σκεπτομορφές που μας κυριεύουν λένε: «Αυτό είσαι: είσαι πολύ παχουλός ή πολύ αδύνατος, είσαι πολύ σκούρος ή πολύ ανοιχτόχρωμος, έχεις λάθος χρώμα μαλλιών...» Η Άμμα γνωρίζει ποιοι πραγματικά είμαστε, βαθύτερα απ' όσο εμείς γνωρίζουμε τον εαυτό μας, μέχρι και την κυτταρική δομή μας. Μην αμφιβάλλετε ποτέ γι' αυτό.

Υπάρχουν δεκαεφτά χιλιάδες φοιτητές στο πανεπιστήμιο της Άμμα στην Ινδία. Κάποτε ένας από τους φοιτητές που έμενε στη φοιτητική εστία είπε στους άλλους: «Είναι σαν φυλακή εδώ· δεν μπορεί κανείς να διασκεδάσει, είναι σαν φυλακή». Την αμέσως επόμενη φορά που πήγε στην Άμμα για ντάρσαν Εκείνη τον ρώτησε: «Πώς πάει η φυλακή;» Από δική Της επιλογή του έβγαλε αυτό το θέμα στην επιφάνεια.

Ο νέος έμεινε άναυδος, έκπληκτος που η Άμμα μπορούσε να γνωρίζει το νου του. Αυτό άλλαξε εντελώς την κατάσταση για εκείνον και μπόρεσε πλέον να προσαρμοστεί σε όλους τους κανονισμούς. Γνώριζε ότι πραγματικά υπάρχει ένα μέρος για να πάει, όπου κάποιος τον καταλαβαίνει ολοκληρωτικά, περισσότερο από τους γονείς του, περισσότερο κι απ' τους καλύτερούς του φίλους.

Η Άμμα αγκαλιάζει και δέχεται κάθε κομμάτι μας, ανάμεσα στα βαθύτερα στρώματα των πιο σκοτεινών πτυχών του νου μας. Μας καταλαβαίνει καλύτερα απ' ό,τι εμείς καταλαβαίνουμε τον εαυτό μας. Μας βλέπει και μας αποδέχεται ολοκληρωτικά, ακούει όλες τις σκέψεις και τις επιθυμίες μας, χωρίς τίποτα να επηρεάζει την αντίληψή Της, γιατί είναι αποταυτισμένη και δεν σκέφτεται τα δικά Της συναισθήματα. Φτάνει στα βάθη της αγνότερης ψυχής μας, επιτρέποντας σε αυτό, το ομορφότερο κομμάτι μας, να δει το φως της μέρας.

Κεφάλαιο 7

Το Άρωμα της Αγάπης

Η Άμμα μας αγαπά περισσότερο απ' όσο θα μπορούσαμε ποτέ να φανταστούμε. Μας πλησιάζει θυμίζοντάς μας: «Υπάρχει μια φωνή που καλεί τον καθέναν να νιώσει τη γλυκύτητα της αγνής αγάπης, η οποία όμως δεν εισακούεται. Γεννηθήκαμε για να βιώσουμε την αγνή αγάπη, ο πλούτος μας είναι η εμπειρία της αγνής αγάπης, κι όμως το πιο σπάνιο πράγμα στον κόσμο είναι πραγματικά η εμπειρία αυτή.»

Θυμάμαι κάποτε ενώ ταξιδεύαμε στην Ινδία, η Άμμα μιλούσε στο τηλέφωνο μ' έναν πιστό που έπασχε από καρκίνο. Μετά από λίγο τα μάτια Της δάκρυσαν, οπότε ο πιστός από την άλλη άκρη της γραμμής προσπαθούσε να την καθησυχάσει. Κι όμως εκείνη συνέχιζε να χύνει δάκρυα. Ο πιστός συνέχιζε να λέει: «Είμαι εντάξει, Άμμα, αισθάνομαι την Χάρη Σου, είμαι εντάξει.»

Ακόμα κι όταν σταμάτησαν να μιλούν στο τηλέφωνο, η Άμμα συνέχισε να έχει δάκρυα στα μάτια Της. Καθόμουν δίπλα Της και σκεφτόμουν: «Γιατί λυπάται τόσο πολύ η Άμμα; Αφού γνωρίζει την αλήθεια, ότι αυτό το σώμα δεν είναι αιώνιο.» Της είπα: «Άμμα, εσύ ξέρεις την αλήθεια...»

Και να 'μαι λοιπόν εγώ, να υπενθυμίζω στην Άμμα τη διδασκαλία της Βεδάντα. Η Άμμα με κοίταξε και απάντησε: «Το ξέρω... όμως νιώθω τον πόνο του!»

Αυτό με έκανε να σιωπήσω για λίγο. Ένιωσα τόση ντροπή για τον εαυτό μου. Συνειδητοποίησα ότι το μεγαλείο της Άμμα δεν περιορίζεται μόνο στην πραγμάτωση του Θεού, αλλά πηγαίνει ακόμα πιο πέρα, η συμπόνια Της είναι τέτοια που βλέπει παντού τον καθένα σαν καθρέφτη του Εαυτού Της. Καθισμένη στο σκοτεινό αυτοκίνητο, έγινα μετά εγώ εκείνη που σιωπηλά έχυνε δάκρυα.

Κοιτάζοντας την Άμμα, ερχόταν στο νου μου ένας διάττοντας αστέρας συμπόνιας, που πέρασε όλα τα όρια και γύρισε πίσω στη γη, στο δικό μας επίπεδο, για να μας ευλογήσει και να εκπληρώσει τις επιθυμίες μας. Η Άμμα προσπαθεί πραγματικά να μας διδάξει πώς να ζούμε μια ζωή συμπόνιας.

Ένα βράδυ, καθώς τελείωνε ένα πρόγραμμα στο Μπραχμαστανάμ της Μπάνγκαλορ, ένας πιστός περίμενε την Άμμα ανάμεσα σε όλους τους άλλους. Η Άμμα δεν είχε κοιμηθεί καθόλου. Είχε τόσο χρόνο, ώστε να κάνει ένα μπάνιο και ν' αλλάξει ρούχα πριν φύγουμε για το επόμενο πρόγραμμα. Είχαμε μπροστά μας ένα μεγάλο ταξίδι με προορισμό το Χαϊντεραμπάντ.

Ο πιστός αυτός έκλαιγε για αρκετή ώρα. Τις τρεις μέρες του προγράμματος έκανε ασταμάτητα σέβα (υπηρεσία) για την τακτοποίηση της διαμονής όλων των πιστών που συνέρρεαν για να δουν την Άμμα. Ο ίδιος δεν κατάφερε όμως να παρευρεθεί στο πρόγραμμα, αφού λόγω του πλήθους οι αστυνομικοί έκλεισαν τις πόρτες του άσραμ. Σκεπτόμενος ότι έχασε το ντάρσαν της Άμμα έκλαιγε με μεγάλη λύπη.

Όταν οι πιστοί Τής είπαν ότι εκείνος ο άνδρας είχε δουλέψει τόσο σκληρά και έχασε το ντάρσαν, η Άμμα ξέχασε την κούρασή Της και έτρεξε κοντά του, δίνοντάς του μια υπέροχη αγκαλιά και κρατώντας τον κοντά Της για πολλή ώρα.

Τελικά ο άνδρας λιποθύμησε, γιατί η αγάπη κι η συμπόνια της Άμμα ήταν παραπάνω απ' όσο μπορούσε ν' αντέξει. Όταν κατέρρευσε, η Άμμα κάθισε στα σκαλοπάτια κρατώντας τον, και κάλεσε να του φέρουν νερό καρύδας. Αυτός θέλησε να σηκωθεί, όμως Εκείνη επέμενε ότι έπρεπε να περιμένει να πιει πρώτα το νερό. Δεν μπορούσε να πιστέψει στην τύχη του ή στη συμπόνια της Άμμα, που του έδινε μια τόσο μεγάλη σε διάρκεια αγκαλιά.

Τότε συνειδητοποίησα γιατί η Άμμα δίνει σε κάποιους ανθρώπους στην Ινδία ντάρσαν ενός μόνο δευτερολέπτου. Γιατί αν τους έδινε περισσότερο, όπως σ' εκείνον τον άνδρα, αυτό θα μπορούσε να είναι υπερβολικό γι' αυτούς! Σ' ένα μόνο δευτερόλεπτο η Άμμα είναι ικανή να μας δώσει τα πάντα.

Ακριβώς όπως στον Κουτσέλα επιτράπηκε να δώσει στον Κρίσνα μόνο μια μπουκιά αχνιστού ρυζιού, έτσι και για εμάς ένα μόνο δευτερόλεπτο από το ντάρσαν της Άμμα είναι αρκετό για να ξεδιπλωθεί μπροστά μας το μονοπάτι της αφοσίωσης. Ένα μονοπάτι φτιαγμένο απ' όλο τον πνευματικό πλούτο που μπορεί να μας χαρίσει η ζωή.

Σύμφωνα με την παράδοση, η Ράντα είδε τον Κρίσνα μόνο μια φορά στις όχθες του ποταμού Γιάμουνα. Από τότε και μετά, εκείνη Τον αγαπούσε και συνδεόταν μαζί Του πάντοτε μέσα στη καρδιά της. Ακόμη κι αν έχουμε ένα μόνο ντάρσαν με την Άμμα, Εκείνη δε θα μας ξεχάσει ποτέ και πάντα θα μας αγαπά βαθιά, σε όλη την αιωνιότητα.

Η Άμμα λέει: « Αν η καρδιά σας δεν μπορεί να λιώσει από συμπόνια για τους άλλους, δεν θα συνειδητοποιήσετε ποτέ την αλήθεια του τι πραγματικά σημαίνει η λέξη Αγάπη θα είναι απλά μια λέξη στο λεξικό.» Χρειάζεται λοιπόν να μάθουμε ν' ανοίγουμε την καρδιά μας, όπως κάνει η Άμμα. Για Εκείνη δεν υπάρχουν όρια. Γίνεται ο καθένας. Δεν υπάρχει τίποτα ξέχωρο από τον Εαυτό Της.

Εάν μπορούμε να συμπάσχουμε στα δεινά των άλλων και να συμμετέχουμε στην ευτυχία τους... να βλέπουμε τη χαρά στο ντάρσαν κάποιου άλλου σαν να ήταν δική μας, τότε το μονοπάτι για τον παράδεισο θα είναι στρωμένο με ροδοπέταλα. Είναι πολύ δύσκολο να το κάνει κανείς αυτό και η Άμμα συνεχώς μας θυμίζει: «Παραμένουμε πάντα αρχάριοι».

Η Άμμα είναι μια συνεχής ροή αγάπης. Κάνει κάθε δυνατή προσπάθεια να μεταδώσει όση αγάπη και προσοχή μπορεί στον καθένα, καθημερινά. Η Άμμα είναι μια Θεά ανάμεσά μας, η οποία ζει κοντά μας σαν ένα συνηθισμένο ανθρώπινο ον, αλλά μας αγαπά όλους με έναν εξαιρετικά υπερφυσικό τρόπο.

Κεφάλαιο 8

Η Αγάπη Ενός Τέλειου Δασκάλου

Η ισχυρότερη δύναμη σε αυτήν εδώ τη γη είναι η αγάπη που τρέφουν για εμάς οι ψυχές που έχουν πραγματώσει το Θεό. Μας αγαπούν τόσο αγνά χωρίς να θέλουν τίποτα για τον εαυτό τους. Θυσιάζουν τις ζωές τους για να μας απελευθερώσουν. Πουθενά, απολύτως πουθενά σε ολόκληρο τον κόσμο, δεν πρόκειται ποτέ να βρούμε κάτι πιο όμορφο, πιο ανιδιοτελές και πιο αξιόπιστο από την αγάπη που ένας τέλειος Δάσκαλος έχει για εμάς.

Λέγεται ότι όταν ο Βούδας έφτασε στη φώτιση δεν ήθελε πια ν' αφήσει εκείνη την ευδαιμονική κατάσταση στην οποία βρισκόταν. Όμως, μόλις ακούμπησε την παλάμη Του στο έδαφος, η γη τον παρακάλεσε εκ μέρους όλων των ενσαρκωμένων ψυχών να διδάξει όλα τα πλάσματα πώς να λυτρωθούν από τη δυστυχία.

Τι θα μπορούσε άλλο να κάνει ο Βούδας από το να επιστρέψει;

Αυτή είναι αληθινή αγάπη, αγάπη τόσο ειλικρινής και πηγαία, που όλοι εμείς οι υπόλοιποι συναντάμε σπάνια, ακόμη και στα όνειρά μας. Πολύ λίγοι από εμάς έχουν την καλή τύχη να γνωρίσουν τέτοια αγάπη στο ξύπνιο τους. Σπανιότατα είμαστε έτοιμοι ή ικανοί να λάβουμε τέτοια αγάπη, πόσο μάλλον να δώσουμε.

Λέγεται ότι η μεγαλύτερη θυσία για έναν Μαχάτμα είναι να έρθει εδώ κάτω στη γη και να ζήσει ανάμεσά μας, μέσα σε όλη την ασυνειδησία μας. Όμως αυτή είναι μια θυσία την οποία οι Μαχάτμα είναι διατεθειμένοι να κάνουν.

Όταν ήταν νέος ο Βούδας είχε κάποιους εχθρούς που ήταν φοβερά ζηλόφθονες και ήθελαν να τον ταπεινώσουν. Του έστειλαν λοιπόν την πιο διάσημη εταίρα της εποχής τους. Ο Βούδας την αγάπησε όπως τους αγαπούσε όλους, με μια πατρική όμως αγάπη.

Κι ενώ η εταίρα ήταν πολύ όμορφη, ο νους της είχε πάψει να είναι αθώος. Προσπάθησε να προσφέρει τον εαυτό της στο Βούδα. Με ιερή αγνότητα Εκείνος της χαμογέλασε. Απέρριψε τις ρομαντικές προτάσεις της λέγοντάς της: «Θα σ' αγαπώ όταν δεν θα σ' αγαπά πια κανένας άλλος. Θα σ' αγαπώ όταν κάθε άλλη αγάπη θα σ' έχει εγκαταλείψει.» Εκείνη θύμωσε κι έφυγε.

Σαράντα χρόνια αργότερα ο Βούδας ήταν ετοιμοθάνατος. Τον κουβαλούσαν σ' ένα ξύλινο φορείο προς την τελευταία του κατοικία όταν είδε μια μορφή τυλιγμένη με κουρέλια, γερμένη σ' έναν τοίχο εκεί κοντά. Ήταν μια λεπρή, καμπουριασμένη γυναίκα που της έλειπε το μισό πρόσωπο.

Ο Βούδας είπε σ' εκείνους που τον κουβαλούσαν να σταματήσουν. Κατέβηκε αργά από το φορείο και περπάτησε σιγά σιγά προς το μέρος της. Τύλιξε σιωπηλά τα χέρια του γύρω της σε μια στοργική αγκαλιά και της θύμισε ότι Εκείνος είχε πει πως πάντα θα την αγαπούσε.

Αυτού του είδους την αγάπη έχει η Άμμα για εμάς. Μια αγάπη οικουμενική που ξεπερνά όλα τα εμπόδια. Μας θυμίζει συνεχώς μέσα από τις πράξεις Της πως Εκείνη θα είναι πάντα εκεί να μας αγαπά και να μας προστατεύει.

Η Άμμα κατεβαίνει στο επίπεδό μας και προσποιείται ότι είναι σαν εμάς, με σκοπό να μας εξυψώσει. Πρόκειται πραγματικά για ένα Θεϊκό παιχνίδι. Η Άμμα δεν είναι αναγκασμένη να περνάει όλα αυτά που περνάει κάνοντας τόσα πράγματα για εμάς: είναι κοντά μας κάθε μέρα, ξανά και ξανά, όπως κι αν νιώθει η ίδια, προσφέροντάς μας τον Εαυτό Της με κάθε δυνατό τρόπο. Αν ψάξουμε στους μεγάλους Γκούρου της ιστορίας, μπορούμε να βρούμε κάποιον που να έχει κάνει κάτι παρόμοιο; Δε νομίζω.

Η αγάπη της Άμμα, αυτή η μητρική αγάπη που έχει για εμάς, ποτέ δεν κουράζεται να αφιερώνει χρόνο και προσπάθεια για να μας καθοδηγεί, να μας διασκεδάζει και να μας τραγουδά όμορφα μπάτζαν. Εάν δε μπορούμε να απορροφήσουμε τα διδάγματά Της μέσα από τις σκέψεις και τα λόγια που μοιράζεται μαζί μας στα σάτσανγκ ή όταν βρισκόμαστε πρόσωπο με πρόσωπο μπροστά Της, τότε μπορούμε να μαθαίνουμε μέσα από τα μπάτζαν που τραγουδά ή παρακολουθώντας τις πράξεις Της.

Μια χρονιά στην Καλκούτα, όταν τελείωσε το ντάρσαν, η Άμμα αποφάσισε να βγει έξω στο δρόμο για να μαζέψει σκουπίδια, βοηθώντας έτσι την εκστρατεία «Αμάλα Μπάραταμ» για τον καθαρισμό της Ινδίας.

Εξαιτίας του εντατικού ρυθμού των προγραμμάτων Της, η Άμμα σπάνια μπορεί να βγει έξω και να συμμετέχει προσωπικά σε κάποια από τις πολλές πρωτοβουλίες εθελοντικής υπηρεσίας που γίνονται στο όνομά Της. Όμως, εκείνη τη φορά το πρόγραμμα τέλειωσε στις δέκα το βράδυ, ώρα που θεωρείται νωρίς για Εκείνη. Και ενώ ήταν καθισμένη για έντεκα ώρες ασταμάτητα δίνοντας ντάρσαν, πέρασε τη νύχτα Της συμμετέχοντας με ενθουσιασμό στην ομάδα των αφοσιωμένων ανθρώπων που ήταν έτοιμοι να καθαρίσουν τους δρόμους της Καλκούτα. Στο τέλος μιας κουραστικής ημέρας αυτός ήταν ο τρόπος με τον οποίο θέλησε να χαλαρώσει και να ξεκουραστεί: μαζεύοντας σκουπίδια από τους δρόμους.

Εξοπλισμένοι λοιπόν με γάντια και μάσκες, βγήκαμε έξω στον αμυδρά φωτισμένο δρόμο. Οι καρδιές των περισσότερων χτυπούσαν γρήγορα, λόγω ενός μίγματος ενθουσιασμού και χαράς για την ανιδιοτελή υπηρεσία, αλλά και μιας πινελιάς φόβου για το τι θα μπορούσε να αποκαλυφθεί κάτω από τα παχιά στρώματα λάσπης με τα οποία είχαν καλυφθεί οι δρόμοι.

Όταν φτάσαμε στο σημείο απ' όπου θα ξεκινούσε το καθάρισμα, η Άμμα άρχισε να σκύβει, να μαζεύει σκουπίδια και να τα τοποθετεί σε σάκους που μετά φορτώνονταν σε φορτηγά. Τότε μου είπε να μείνω κοντά Της. Όλα τα μεγαλεπήβολα σχέδιά μου για κατάδυση μέσα στα σκουπίδια κατέρρευσαν, μόλις συνειδητοποίησα ότι έπρεπε να κρατήσω τουλάχιστον ένα χέρι καθαρό για να εμποδίζω το σάρι της Άμμα να βουτηχτεί στη λάσπη και στη βρωμιά, και ταυτόχρονα να Την βοηθώ ώστε να μην χρειάζεται να καθίζει στο έδαφος.

Αυτό που πραγματικά με εξέπληξε ήταν ότι κάθε φορά που πήγαινα να την βοηθήσω να σηκωθεί, η Άμμα ήταν ήδη όρθια από μόνη Της, χωρίς να χρειάζεται βοήθεια. Σηκωνόταν όρθια τόσο γρήγορα, σαν να ήταν αθλήτρια.

Εγώ σκεφτόμουν πόσο δύσκαμπτοι και πονεμένοι θα έπρεπε να είναι οι μύες των ποδιών της, μετά από τόσες ώρες που είχε περάσει οκλαδόν επάνω στη σκηνή δίνοντας σάτσανγκ, μπάτζαν κι έπειτα ντάρσαν για ολόκληρη τη μέρα χωρίς ούτε μια ευκαιρία για ξεκούραση, όμως δεν φαινόταν καθόλου πως τα πράγματα ήταν όντως έτσι.

Προσπάθησα να συγκεντρωθώ λίγο παραπάνω, ώστε να φτάνω κοντά Της στην ώρα μου για να Την βοηθώ να σηκώνεται, όμως όσο κι αν προσπάθησα δεν κατάφερα καθόλου να γίνω ικανή να Την βοηθήσω.

Μου έδειξε πραγματικά την απίστευτη ενέργεια και δύναμη που μπορεί να παράγει η αληθινή αγάπη, εάν η στάση μας διαθέτει επίγνωση και αφοσίωση. Η Άμμα πάντοτε μας δείχνει μέσα από τις πράξεις υπηρεσίας Της και μ' ένα σωρό άλλους τρόπους, ότι μπορούμε κι εμείς να γίνουμε γεννήτριες ενέργειας, εάν πραγματικά το προσπαθήσουμε. Όπως η ίδια αναφέρει: «Όταν υπάρχει αληθινή αγάπη, δεν υπάρχει κόπος». Εκείνη είναι πράγματι ένα ζωντανό παράδειγμα αυτής της δήλωσης.

Όταν Την παρακολουθούμε μπορούμε να δούμε πως οτιδήποτε κάνει η Άμμα είναι μια εκδήλωση της αγάπης και της στοργής Της για εμάς. Αυτό μας δείχνει όταν κάθεται για ντάρσαν χωρίς να σηκώνεται, κάποιες φορές για περισσότερο από είκοσι πέντε συνεχόμενες ώρες. Αγκαλιάζει οποιονδήποτε έρθει κοντά Της, ανεξάρτητα από το ποιος είναι, ποιο είναι το μέρος ή ο χρόνος. Συνδέεται με τους ανθρώπους σαν έμπιστός τους φίλος, ακούγοντας τις ιστορίες, τα παράπονα, τα βάσανα και τα προβλήματά τους. Δεν έχει σημασία αν είναι κουρασμένη ή άρρωστη. Πάντα κάνει χώρο για τους άλλους, βάζοντας τις ανάγκες τους πάνω από τις δικές Της.

Οτιδήποτε κάνει ένας τέλειος Δάσκαλος είναι αποκλειστικά προς όφελός μας. Δεν έχει τίποτα να κερδίσει ο ίδιος. Η επιθυμία της Άμμα είναι να προσφέρει τη ζωή Της με κάθε δυνατό τρόπο, ώστε να χαρίζει στους άλλους μια γεύση χαράς και νοητικής ειρήνης.

Κεφάλαιο 9

Μετατρέποντας Πέτρες σε Χρυσό

Μας έχουν δοθεί τόσες πολλές ευλογίες στη ζωή, τόση καθοδήγηση και τόσες συμβουλές, ειδικά από την Άμμα, η οποία μας λούζει συνεχώς με χάρη. Παρ' όλα αυτά, εμείς συχνά καθυστερούμε να προχωρήσουμε. Η Άμμα περιμένει ν' αλλάξουμε τον εαυτό μας με απίστευτη υπομονή. Οι Μαχάτμα έρχονται σε αυτό τον κόσμο για να μας εμπνεύσουν να αναπτυχθούμε. Οι ζωές τους αποτελούν τα ισχυρότερα παραδείγματα για εμάς, όμως δεν μας αναγκάζουν να βελτιωθούμε, αυτό χρειάζεται να το κάνουμε μόνοι μας.

Όταν οι Μαχάτμα καθαγιάζουν ένα ναό, εμποτίζουν τις πέτρες με ζωτική δύναμη από την δική τους σανκάλπα (θεϊκή θέληση) και την αναπνοή τους. Όταν η Άμμα εκτελεί μία τελετή Πράτιστα (καθαγίασης) ενσταλάζει σ' έναν αδρανή λίθο πρανική ζωτική δύναμη (ενέργεια).

Εκείνες τις στιγμές όλοι μπορούμε να αισθανθούμε τις ισχυρές δονήσεις στην ατμόσφαιρα κι έχουμε την ευκαιρία να νιώσουμε πόσο ισχυρή είναι η ενέργεια της Άμμα.

Είναι λυπηρό να σκέφτεται κανείς πώς μια αδρανής πέτρα είναι περισσότερο δεκτική απ' ό,τι εμείς οι άνθρωποι στο να απορροφήσει τις ευλογίες της Άμμα. Κάθε φορά που μας δίνει ντάρσαν, μας προσφέρει την ίδια ακριβώς ενέργεια, όμως εμείς καθυστερούμε τόσο πολύ την εσωτερική αλλαγή.

Η ζωή όμως δεν θα έχει μαζί μας την υπομονή που έχει η Άμμα και θα προσπαθήσει να μας κάνει ν' αλλάξουμε γρηγορότερα. Γι' αυτό έρχεται ο πόνος στη ζωή μας: για να μας αναγκάσει να αναπτυχθούμε. Δεν μπορούμε πάντοτε να διώξουμε τον πόνο· αντί γι' αυτό χρειάζεται να προσπαθούμε να τον μετατρέπουμε σε κάτι θετικό. Η Άμμα μάς βοηθά να βρούμε την έμφυτη δύναμη που υπάρχει μέσα μας, ώστε να μπορούμε να υπερβούμε οποιαδήποτε δυσκολία. Διαλύει το σκοτάδι ακτινοβολώντας επάνω μας το φως της αγάπης και της αφύπνισης.

Μερικά χρόνια πριν, ενώ ήμασταν σ' ένα πρόγραμμα στη Νέα Υόρκη, μια ντόπια πιστή μού διηγήθηκε μια εκπληκτική ιστορία για κάτι που συνέβη στην κόρη της. Η γυναίκα αυτή ήταν πολύ αφοσιωμένη στην Άμμα, όχι όμως και τα δύο παιδιά της, τα οποία μάλιστα θεωρούσαν περίεργο το γεγονός ότι η μητέρα τους αγαπούσε τόσο πολύ την Άμμα. Απρόθυμα λοιπόν πήγαν να παρακολουθήσουν το πρόγραμμα της Νέας Υόρκης, απλά για να ευχαριστήσουν τη μητέρα τους.

Δυστυχώς, κάποιος έκλεψε το πορτοφόλι της κόρης της, ενώ αυτή βρισκόταν μέσα στο πλήθος. Η κοπέλα θύμωσε πολύ γιατί είχε πολλά χρήματα μέσα. Πίστευε ότι ο ένοχος ήταν ένας άστεγος που καθόταν δίπλα της, όμως δεν μπορούσε να το αποδείξει.

Η μητέρα της γνώριζε ότι δεν μπορούσαν να κάνουν τίποτα. Είπε στην κόρη της να προσπαθήσει να το ξεχάσει και οι δυο τους χωρίστηκαν για λίγο. Μετά από μισή ώρα το κορίτσι βρήκε ξανά τη μητέρα του ξεχειλίζοντας από ενθουσιασμό.

Της είπε: «Μαμά, δεν θα πιστέψεις τι μου συνέβη μόλις τώρα!» Συνέχισε, εξηγώντας ότι όταν ανέβηκε στον πάνω όροφο, ο άστεγος άνδρας την πλησίασε. Κρατούσε το πορτοφόλι στα χέρια του και της το έδωσε πίσω, ζητώντας συγγνώμη που το είχε πάρει.

Της είπε ότι καθόταν και παρακολουθούσε την Άμμα, όταν Εκείνη εντελώς ξαφνικά στράφηκε προς το μέρος του και του είπε ότι αυτό που έκανε ήταν λάθος, ότι έπρεπε να επιστρέψει το πορτοφόλι, να ζητήσει συγγνώμη και να μην ξανακάνει ποτέ κάτι παρόμοιο. Παραδέχτηκε πως ένιωσε ν' αλλάζει η ζωή του μετά από αυτήν την εμπειρία· αλλά και το κορίτσι σχημάτισε κι αυτό μια διαφορετική εντύπωση για την Άμμα.

Η Άμμα μας διδάσκει πώς να χτίσουμε γερά θεμέλια από αξίες και αρετές. Πάνω στα θεμέλια αυτά πρέπει να κάνουμε καλές πράξεις, ζώντας μ' ένα σύστημα αξιών που θα κατευθύνει ανάλογα τους στόχους και τις αποφάσεις μας. Εξαρτάται ολοκληρωτικά από εμάς τι αποκομίζουμε από την παρουσία της Άμμα, και αυτό ποικίλλει ανάλογα με τη στάση και τις πράξεις μας.

Μια χρονιά στο Λονδίνο έκανε απίστευτο κρύο στην αίθουσα Αλεξάνδρα Παλλάς, όπου γινόταν το πρόγραμμα της Άμμα. Μία πιστή καθόταν σε μια καρέκλα φορώντας ένα ζεστό μάλλινο σάλι, κι όμως συνέχιζε να κρυώνει και να τρέμει. Ένα νεαρό κορίτσι που καθόταν δίπλα της φορούσε ακόμη λιγότερα και ήταν προφανές ότι είχε εντελώς παγώσει. Η πιστή σκέφτηκε:

«Κρυώνει πιο πολύ από μένα... θα πρέπει να της δώσω το σάλι μου», όμως τουρτούριζε κι η ίδια. Τελικά, η συμπόνια της νίκησε. Έβγαλε το σάλι και το έβαλε στις πλάτες του κοριτσιού. Κι εκείνη τη στιγμή, σταμάτησαν κι οι δυο να τρέμουν.

Για όλο το υπόλοιπο της νύχτας παρέμειναν ζεστές κι οι δύο. Κάθε είκοσι λεπτά, η κοπέλα προσπαθούσε να επιστρέψει το σάλι, αφού ένιωθε ένοχη στη σκέψη ότι και η άλλη γυναίκα θα κρύωνε, όμως η πιστή εκείνη είχε πάψει να αισθάνεται το κρύο.

Έχουμε μέσα μας τη δύναμη ν' αλλάξουμε τον εαυτό μας και τον κόσμο. Όταν αποφασίζουμε να κάνουμε καλές πράξεις, ακόμα κι αν η στάση μας δεν είναι ακόμα η καλύτερη δυνατή, ξεκινάμε να δημιουργούμε μέσα μας τη δύναμη της αλλαγής και σαν αποτέλεσμα η Θεία χάρη σίγουρα θα μας περιβάλει.

Οι άνθρωποι πηγαίνουν σε κάποιο Μαχάτμα προσδοκώντας όλων των ειδών τα θαύματα για τον εαυτό τους και για τον κόσμο —περιμένουν ότι πρόκειται για κάποιον σούπερ-ήρωα που μ' ένα μαγικό ραβδί θ' αλλάξει τα πάντα. Και πράγματι, Μαχάτμα όπως η Άμμα είναι όντως σούπερ-ήρωες! Η Άμμα μας τροφοδοτεί αδιάκοπα με έμπνευση για να μας βοηθήσει να περπατήσουμε στο μονοπάτι της αλήθειας και του ντάρμα (της ενάρετης ζωής). Δεν μπορεί να κάνει τα βήματα στη θέση μας, όμως πάντοτε μας ενθαρρύνει να πάμε προς τη σωστή κατεύθυνση, δίνοντάς μας συμβουλές όταν παρεκκλίνουμε από το σωστό δρόμο. Η Άμμα μας προσφέρει έναν χάρτη που θα μας πάει στον υπέρτατο στόχο, της πραγμάτωσης του Θεού.

Κάθε λέξη και πράξη της Άμμα έχει σκοπό να μας εμπνεύσει να κάνουμε καλές πράξεις, οι οποίες με τη σειρά τους θα δημιουργήσουν καλό κάρμα (αλυσίδα αιτίας και αποτελέσματος) και θα ακυρώσουν κάποια από τα βάσανα που ίσως χρειαζόταν να περάσουμε λόγω των λανθασμένων επιλογών του παρελθόντος μας. Η παρουσία της Άμμα ενσταλάζει μέσα μας παραδοσιακές αξίες που δεν μπορεί κανείς να διδαχτεί εύκολα στον σημερινό κόσμο. Μας εμπνέει να κάνουμε το καλό, ώστε να φτάσουμε στο ύψιστο των δυνατοτήτων μας σαν ανθρώπινα όντα.

Κεφάλαιο 10

Σέβα – η Αλχημεία της Αγάπης

Κάποιος που βλέπει την Άμμα να δίνει ντάρσαν μπορεί να σκεφτεί ότι χρειάζεται πολλούς ανθρώπους γύρω της να Την βοηθούν, όμως στην πραγματικότητα είναι Εκείνη που μας δίνει τη δυνατότητα να προσφέρουμε, ώστε εμείς οι ίδιοι να μαθαίνουμε μέσα από τη διαδικασία αυτή. Μας αφήνει να προσφέρουμε, ολοκληρωτικά σαν ένδειξη της χάρης με την οποία μας περιβάλλει, προκειμένου να μας βοηθά να αποκτήσουμε επίγνωση, κι όχι επειδή Εκείνη χρειάζεται βοήθεια. Είναι ικανή να ανταπεξέλθει μια χαρά σε όλα από μόνη Της.

Που και που η Άμμα μπορεί να σταματήσει να μας δίνει τη δυνατότητα να Την υπηρετούμε, ώστε να μας διδάξει κάποιο σημαντικό μάθημα. Μπορεί ν' απαγορεύσει την είσοδο στο δωμάτιό Της σε όλους, να κλειδώσει την πόρτα και ν' αποφασίσει να τα κάνει όλα μόνη Της. Θα μαγειρέψει η ίδια το φαγητό Της, θα καθαρίσει το δωμάτιο και θα πλύνει τα ρούχα Της για μερικές μέρες, σε πολύ μικρότερο χρόνο απ' ό,τι θα έπαιρνε σε οποιονδήποτε άλλο να κάνει τα ίδια πράγματα, θυμίζοντάς μας ότι δεν είναι η Άμμα αυτή που χρειάζεται κάτι από εμάς, αλλά εμείς που χρειαζόμαστε να πάρουμε ένα σωρό πολύτιμα μαθήματα.

Η Άμμα συχνά μας υπενθυμίζει: «Δεν είναι αυτά που σταθήκαμε ικανοί να πάρουμε, αλλά όλα αυτά που σταθήκαμε ικανοί να προσφέρουμε που μας βοηθούν να βιώσουμε την πραγματική ομορφιά της ζωής. Εάν λαμβάνουμε μόνο από τον κόσμο, στο τέλος θα απομακρυνθούμε από τον πραγματικό μας Εαυτό.»

Διάβασα μια ιστορία για έναν άνδρα του οποίου η σύζυγος είχε πεθάνει πριν από οχτώ χρόνια. Ο άνδρας αυτός πέρασε μια μακρά περίοδο κατάθλιψης και σχεδόν κατέληξε να έχει τάσεις αυτοκτονίας. Το μόνο θετικό που είχε απομείνει στη ζωή του ήταν η εργασία του σαν γιατρός στη μικρή κλινική που είχε.

Βλέποντας τόσες πολλές φυσικές καταστροφές στην τηλεόραση, αποφάσισε να ταξιδέψει σε κάποιες από τις πληγείσες περιοχές και να προσφέρει τις υπηρεσίες του. Το γεγονός ότι η γυναίκα του δεν ζούσε πια και τα παιδιά του είχαν όλα μεγαλώσει, του επέτρεπε να κάνει κάτι τέτοιο. Ταξίδεψε σε εξαθλιωμένες περιοχές όπου οι άνθρωποι δεν είχαν πρόσβαση σε ιατρική φροντίδα και βοήθησε να στηθούν είκοσι νέες κλινικές. Σαν αποτέλεσμα, αυτές οι κλινικές κατέληξαν να φροντίζουν είκοσι εφτά χιλιάδες ασθενείς κάθε μήνα. Ο γιατρός ανακάλυψε ότι η αίσθηση της κατάθλιψης είχε εξαφανιστεί και βίωσε μια νέα μορφή επιτυχίας και στόχου στη ζωή του. Τώρα πια, εκπληρώνοντας το νέο του πάθος για προσφορά, ταξιδεύει σε όλον τον κόσμο παρέχοντας ιατρική φροντίδα όπου υπάρχει περισσότερη ανάγκη.

Πολλοί από εμάς νιώθουμε συντετριμμένοι, θυμωμένοι ή αμέτοχοι απέναντι στον πόνο που βλέπουμε στον κόσμο μας σήμερα, μη γνωρίζοντας πώς να τον διαχειριστούμε. Ο γιατρός αυτός συνειδητοποίησε ότι βοηθώντας άλλους ανθρώπους, ο ίδιος λαμβάνει μεγαλύτερη ευλογία από αυτήν που δίνει: μια πλούσια και ικανοποιητική ζωή.

Όταν παγιδευόμαστε εντελώς μέσα στα δίχτυα του νου μας, γίνεται δύσκολο να παραμένουμε ανοιχτοί στις ευλογίες με τις οποίες μας περιβάλλει συνεχώς η ζωή. Έχουμε την τάση να χανόμαστε τόσο πολύ μέσα στα προβλήματά μας, που σπάνια συμμεριζόμαστε τα προβλήματα των άλλων. Εκατομμύρια άνθρωποι σε ολόκληρο τον κόσμο βιώνουν κατάθλιψη ή κάποιας μορφής ψυχική αγωνία, εξαιτίας της μοναξιάς που νιώθουν όταν χάνουν μέλη της οικογένειας ή φίλους. Μόνο μέσα από την προσφορά και τη συμπονετική βοήθεια προς τους άλλους μπορούμε να γλιτώσουμε από την ψυχική αγωνία που δημιουργεί ο νους μας.

Κάποτε σ' ένα ταξίδι, ένας εθελοντής ήρθε στην Άμμα και παραδέχτηκε ότι περνούσε μία πάρα πολύ δύσκολη περίοδο. Της είπε ότι αστρολογικά βρισκόταν στην περίοδο του Κρόνου και εξαιτίας αυτού ένιωθε θλιμμένος και δεν ήθελε να συνεχίσει να προσφέρει πια σέβα.

Η Άμμα γέλασε. Του απάντησε: «Κρόνος; Μα για ποιο πράγμα μιλάς; Έχεις την παρουσία ενός Σατγκούρου. Μέχρι και στην φλεγόμενη έρημο μπορείς να βρεις δροσιά κάτω από τη σκιά ενός δέντρου. Γιε μου, πρέπει να συνεχίσεις να προσπαθείς να κάνεις σέβα, ακόμα κι αν δεν έχεις διάθεση!»

Ας μην κατηγορούμε τον κόσμο ή τους άλλους για ό,τι έχουμε να περάσουμε. Δεν γίνεται να κρατάμε πάντοτε τη σωστή στάση, αλλά όταν υποχρεώνουμε τον εαυτό μας να κάνει κάτι καλό επειδή γνωρίζουμε πως αυτό είναι το σωστό, ακόμα κι αν δεν το επιθυμούμε ολοκληρωτικά, η Θεία χάρη θα μας περιβάλλει. Θα πρέπει πάντα να κάνουμε ό,τι καλύτερο μπορούμε.

Κάποιος έγραψε μια πρωινή προσευχή με την οποία ίσως όλοι νιώσουμε οικεία: «Αγαπημένε μου Θεέ, σήμερα τα κατάφερα καλά ως τώρα. Κράτησα το στόμα μου κλειστό. Δεν κουτσομπόλεψα, δεν φώναξα, δεν έχασα την ψυχραιμία μου. Δεν ήμουν άπληστος, γκρινιάρης, πονηρός, εγωιστής ή αυτάρεσκος. Χαίρομαι γι' αυτά. Όμως σε λίγα λεπτά από τώρα, πιθανώς να χρειαστώ πολλή βοήθεια... γιατί μόλις τώρα σηκώνομαι απ' το κρεβάτι!»

Χρειάζεται πάντα να προσπαθούμε να κάνουμε το σωστό πράγμα στο σωστό χρόνο, τη σωστή στιγμή, ακόμη κι αν δεν έχουμε πάντα τη διάθεση γι' αυτό. Αυτή είναι μία από τις καλύτερες φόρμουλες για πραγματική επιτυχία σε όλους τους τομείς, και θα μας βοηθήσει να φτάσουμε στον υπέρτατο στόχο της πραγμάτωσης του Θεού.

Η Άμμα μας λέει να είμαστε θαρραλέοι και μας θυμίζει: «Δεν είσαστε αρνάκια. Είσαστε μικρά λιοντάρια και έχετε μέσα σας άπειρες δυνατότητες που μένουν ανεκμετάλλευτες».

Πρόσφατα, άκουσα τυχαία την Άμμα να συμβουλεύει κάποιον: «Πρέπει κανείς να είναι σαν το λιοντάρι που όταν περπατά μέσα στο δάσος, αφού διανύσει μια απόσταση, γυρνάει και κοιτάει πίσω». Σε αυτό το σημείο γύρισε η ίδια το κεφάλι Της καθώς μιλούσε μοιάζοντας πραγματικά με μια φοβερή λέαινα, που με δύναμη κοιτούσε προς τα πίσω για να δει πόσο μακριά είχε φτάσει.

Και συνέχισε: «Μέχρι και η χελώνα, όσο αργά κι αν σέρνεται, αφήνει ίχνη απ' όπου περνάει. Μπορούμε κι εμείς να είμαστε έτσι στη δική μας ζωή, αφήνοντας κάποια θετικά σημάδια στον κόσμο. Πρέπει ν' αγωνιζόμαστε ν' αφήσουμε πίσω μας κάτι καλό.»

Είμαστε τυχεροί που μας δίνεται τόσο συχνά η ευκαιρία να προσφέρουμε. Είναι πραγματικά μία από τις πιο γλυκές πνευματικές ασκήσεις. Ο νους όλη την ώρα αντιδρά προσπαθώντας να μας κρατήσει πίσω, όμως κατά την προσφορά της σέβα μπορούμε ενεργά να διοχετεύσουμε την ενέργειά μας κάνοντας κάτι καλό. Αυτό θα επαναπρογραμματίσει τις κακές συνήθειες του νου. Μην σταματάτε για να σκεφτείτε αν σας αρέσει ή όχι, γιατί τα συναισθήματά μας αλλάζουν συνεχώς. Έχουμε ταυτιστεί με τόσες πολλές άσχημες συνήθειες. Γιατί να μην προσπαθήσουμε να αναπτύξουμε και μια νέα, καλή συνήθεια;

Αντί να ζήσουμε μια μέτρια ύπαρξη, ας αγωνιστούμε να καλλιεργήσουμε μια στάση ανιδιοτέλειας. Δεν χρειάζεται να κάνει κανείς μεγάλα και σημαντικά πράγματα, αφού όλες οι μικρές, ευγενείς και ανιδιοτελείς μας πράξεις μπορούν να συμβάλλουν σε κάτι πραγματικά μεγαλειώδες.

Κεφάλαιο 11

Ένας Ποταμός Αγάπης

Όταν η Άμμα βλέπει να υπάρχει κάπου μια ανάγκη είναι πάντοτε έτοιμη να την καλύψει. Αυτό αποτελεί ένα παράδειγμα του τι σημαίνει να βαδίζει κάποιος στο νταρμικό μονοπάτι της δικαιοσύνης· χρειάζεται απλά να προσπαθούμε να κάνουμε το σωστό πράγμα στο σωστό χρόνο. Να βλέπουμε τι χρειάζεται να γίνει για να βοηθήσουμε τον κόσμο, και να χρησιμοποιούμε τις ικανότητές μας για να προσφέρουμε με επίγνωση και αγάπη. Δεν έχει σημασία τι θα κάνουμε, είναι η στάση που βρίσκεται πίσω από τις πράξεις μας που μετράει περισσότερο.

Μία γυναίκα ζούσε στα βουνά της Ελβετίας, δύο ώρες μακριά από τη Ζυρίχη με λεωφορείο. Ο άνδρας της την είχε χωρίσει και είχε φύγει, αφήνοντάς την μόνη να μεγαλώσει το μικρό παιδί τους. Ήταν πολύ δύσκολο για εκείνη να τα βγάζει πέρα, αφού ήταν αρκετά φτωχή και δεν έπαιρνε κάποιο επίδομα από το κράτος.

Η γυναίκα αυτή ήταν αφοσιωμένη καθολική και πάντοτε προσευχόταν στην Παναγία. Είχε ακουστά ότι στην Ινδία υπήρχαν ζωντανοί άγιοι, όμως πολύ αμφέβαλλε ότι θα είχε ποτέ την ευκαιρία να γνωρίσει κάποιον από κοντά. Μια μέρα, περπατώντας μπροστά από ένα εστιατόριο είδε ένα φυλλάδιο σχετικά με την επίσκεψη της Άμμα στη Ζυρίχη. Νιώθοντας μια δυνατή επιθυμία να πάει να δει την Άμμα, ξεκίνησε να κάνει οικονομίες ώστε να τα καταφέρει. Νήστεψε για δύο ημέρες, ώστε να εξοικονομήσει μερικά χρήματα, δίνοντας όμως φαγητό στο παιδί της.

Κατέβηκε από τα βουνό, μπήκε στο χώρο του προγράμματος και περίμενε να πάρει ντάρσαν. Μη γνωρίζοντας όμως αγγλικά, πόσο μάλλον την γλώσσα της Άμμα, συνειδητοποίησε ότι δεν υπήρχε τρόπος να Της μιλήσει για τα προβλήματά της. Καθώς κινούνταν προς την Άμμα στην ουρά του ντάρσαν έκλαιγε σιωπηλά.

Μέσα από τα δάκρυά της πρόσεξε μία γυναίκα λίγο πιο μπροστά, η οποία χάρισε στην Άμμα μερικά χρυσά βραχιόλια πηγαίνοντας για το ντάρσαν. Ευχόταν να είχε κι εκείνη κάτι να Της προσφέρει. Η Άμμα φορούσε ακόμα τα βραχιόλια όταν ήρθε η σειρά της για το ντάρσαν. Έπεσε στα γόνατα της Άμμα, με λυγμούς και οδυρμούς, αλλά χωρίς να Της πει τίποτα. Η Άμμα την κοίταξε με πραγματική συμπόνια, έβγαλε τα βραχιόλια και της τα έδωσε. Έπειτα κάλεσε την ταραγμένη γυναίκα να καθίσει δίπλα Της.

Η Άμμα γύρισε και της είπε: «Φρόντισε να μην τα πουλήσεις. Να τα βάλεις ενέχυρο, ώστε να πάρεις κάποια χρήματα για να φροντίσεις το παιδί σου. Μην ανησυχείς, τα πράγματα θα πάνε καλύτερα στο μέλλον.»

Σοκαρισμένη και έκπληκτη, η γυναίκα αυτή επέστρεψε στο σπίτι της, έβαλε ενέχυρο τα βραχιόλια, και αρκετά σύντομα, με τις ευλογίες της Άμμα, βρήκε δουλειά. Τον επόμενο χρόνο, η γυναίκα αυτή μπόρεσε να πάρει πίσω τα βραχιόλια, αφού είχε πια τον έλεγχο της ζωής και των οικονομικών της. Όταν ξαναήρθε η Άμμα, κατέβηκε από το βουνό και πήγε να Τη δει. Τη στιγμή του ντάρσαν τοποθέτησε με χαρά τα ίδια χρυσά βραχιόλια πίσω στα χέρια Της. Για εκείνη, η Άμμα δεν είναι απλά μια αγία, είναι πραγματικά Θεϊκή.

Η Άμμα είναι πάντοτε έτοιμη να υπηρετήσει. Έτσι κι εμείς θα πρέπει να είμαστε διατεθειμένοι να προσφέρουμε με συμπονετική καρδιά και με οποιονδήποτε τρόπο μπορούμε.

Το Άρωμα της Αγνής Αγάπης

Μια νύχτα στο Αμριταπούρι, αφού η Άμμα είχε περάσει περισσότερες από δεκαπέντε συνεχόμενες ώρες δίνοντας ντάρσαν, κατέβηκε από τη σκηνή και περπάτησε το στενό διάδρομο προς το δωμάτιό Της. Καθώς περνούσε δίπλα από τα τραπέζια του φαγητού, η Άμμα μπόρεσε να διακρίνει μέσα από ένα κενό στην ουρά των πιστών που στέκονταν στο διάδρομο, ότι ο νεροχύτης της τραπεζαρίας ήταν πραγματικά πολύ βρώμικος και βουλωμένος από τα υπολείμματα των φαγητών. Χρειαζόταν καθάρισμα, όμως κανείς δεν το είχε κάνει. Η Άμμα σταμάτησε, πέρασε ανάμεσα από τους πιστούς και ξεκίνησε να καθαρίζει.

Παρά το γεγονός ότι θα ήταν μάλλον εξαντλημένη, η Άμμα ήταν έτοιμη να δώσει το καλό παράδειγμα στους άλλους μέσα απ' όλες τις πράξεις Της. Η Άμμα δεν παίρνει ποτέ ρεπό. Είναι πάντοτε σε υπηρεσία, έτοιμη να μας διδάξει, σε όλων των ειδών τις περιστάσεις.

Όταν ξεκίνησε να καθαρίζει το νεροχύτη, ξαφνικά όλοι έτρεξαν πρόθυμοι να την βοηθήσουν στην εργασία Της, όμως Εκείνη τους είπε: «Μην κάθεστε εδώ να με κοιτάτε. Πηγαίνετε να καθαρίσετε τους άλλους νεροχύτες! Όλοι θέλουν να κάνουν πανταπούτζα (λατρεία των ποδιών του Γκούρου), όμως αυτή εδώ είναι η πραγματική πανταπούτζα —η αληθινή λατρεία του Γκούρου.»

Μπορεί να μην έχουν όλοι την ευκαιρία να πλύνουν τα πόδια του Γκούρου, όμως όλοι έχουν την ευκαιρία να προσφέρουν με αγάπη την υπηρεσία τους στο σώμα Της, μέσα από τη σέβα σε οποιοδήποτε από τα άσραμ ή τα προγράμματα της Άμμα. Κάθε πράξη προσφοράς που γίνεται στη όνομά Της, μπορεί να γίνει τόσο ιερή όσο το πλύσιμο των λώτινων ποδιών Της.

Η Άμμα προσπαθεί ν' ανακουφίσει τη δυστυχία του κόσμου προσφέροντας καθημερινά τον Εαυτό Της, ανεξάρτητα από το πώς νιώθει η ίδια. Προχωρά μπροστά με ανοιχτή καρδιά και ενθουσιασμό προσφέροντας το μέγιστο, ανεξάρτητα από τα εμπόδια που μπορεί να συναντήσει. Έτσι, εμπνέει κι όλους τους άλλους γύρω Της να κάνουν το ίδιο.

Όταν το άσραμ του Αμριταπούρι αναγνωρίστηκε ως φιλανθρωπικό ίδρυμα το 1983, η Άμμα είπε: «Μη με κάνετε να μοιάζω με παπαγάλο σε κλουβί. Μην κάνετε επιχείρηση αυτόν εδώ τον οργανισμό. Πρέπει να εργάζεται για να υπηρετεί την πάσχουσα ανθρωπότητα.» Από την αρχή, όλα αυτά τα χρόνια και μέχρι και σήμερα, αυτό το ιδανικό διατηρήθηκε απόλυτα και χωρίς συμβιβασμούς από την Άμμα. Εκείνη απλώς βλέπει τις ανάγκες των ανθρώπων και δρα ανάλογα.

Η οργάνωση της Άμμα, Embracing the World (Αγκαλιάζοντας τον Κόσμο) έχει χτίσει πάνω από πενήντα σχολεία στην Ινδία και στο εξωτερικό, συμπεριλαμβανομένου ενός πανεπιστημίου με πέντε σχολές. Διευθύνει ορφανοτροφεία στην Ινδία και στο εξωτερικό. Η Άμμα ηγήθηκε μιας πρωτοβουλίας για τη μείωση των αυτοκτονιών των χωρικών, οι οποίες είναι ανεξέλεγκτες σε πολλά μέρη της Ινδίας. Δίνει πενήντα εννιά χιλιάδες συντάξεις σε χήρες και ηλικιωμένους και περισσότερες από σαράντα μία χιλιάδες υποτροφίες σε φτωχούς φοιτητές. Έχει δεκάδες νοσοκομεία και δωρεάν κλινικές που παρέχουν ιατρική φροντίδα στους φτωχούς.

Η οργάνωση Αγκαλιάζοντας τον Κόσμο βρίσκεται συχνά στο παγκόσμιο προσκήνιο για την αντιμετώπιση φυσικών καταστροφών. Το 2004, μετά το χτύπημα του τσουνάμι στον Ινδικό ωκεανό, η Άμμα μετέτρεψε το άσραμ Της σε καταφύγιο, παρέχοντας τροφή και φροντίζοντας τους ανθρώπους που είχαν χάσει τα σπίτια τους. Η οργάνωση Αγκαλιάζοντας τον Κόσμο συνέβαλε επίσης στην αποκατάσταση των καταστροφών του Τυφώνα Κατρίνα το 2005, δωρίζοντας ένα εκατομμύριο δολάρια στο ταμείο αλληλεγγύης. Η Άμμα έστειλε επίσης ομάδες διάσωσης στην Ιαπωνία το 2011 μετά το σεισμό και το τσουνάμι που χτύπησε τη χώρα, παρέχοντας τροφή και ιατρική βοήθεια σε μέρη όπου κανείς άλλος δεν τολμούσε να πάει.

Έχει χτίσει πάνω από σαράντα πέντε χιλιάδες σπίτια για τους άστεγους και σχεδιάζει να χτίσει πάνω από εκατό χιλιάδες ακόμα. Αυτό σημαίνει στέγη για σχεδόν ένα εκατομμύριο ανθρώπους που πρωτύτερα ήταν άστεγοι. Έχει υλοποιήσει προγράμματα για τη φύτευση χιλιάδων δέντρων και έχει θρέψει εκατομμύρια ανθρώπους σε ολόκληρο τον κόσμο... και πόσα άλλα.

Η Άμμα εμπνέει τόσο πολύ την ανιδιοτέλεια στα παιδιά Της. Οι φιλανθρωπικές Της δραστηριότητες υλοποιούνται με την εθελοντική υπηρεσία χιλιάδων ανθρώπων σε ολόκληρο τον κόσμο. Κι οι φτωχότεροι των φτωχών, όταν έρχονται για ντάρσαν στην Ινδία, συχνά προσπαθούν ν' αφήσουν ένα νόμισμα μιας ρουπίας στο χέρι της Άμμα. Δεν μπορούν να προσφέρουν κάτι παραπάνω, αλλά θέλουν κι αυτοί να βοηθήσουν γιατί γνωρίζουν ότι Εκείνη θα χρησιμοποιήσει κάθε ρουπία για να υπηρετήσει τους άλλους. Η Άμμα λέει ότι όλες αυτές οι μικρές προσφορές ενώνονται και δημιουργούν τη ροή ενός δυνατού ποταμού.

Η ανιδιοτέλεια της Άμμα είναι πραγματικά Θεϊκή. Αγκαλιάζει πλήθη ανθρώπων που κάποιες φορές φτάνουν τους δεκάδες χιλιάδες, περιμένοντας να κρατήσει μέχρι και τον τελευταίο. Δεν σκέφτεται τις δικές Της ανάγκες εκείνες τις στιγμές.

Εμείς δεν χρειάζεται να κάνουμε υπεράνθρωπους άθλους, μόνο η Άμμα μπορεί να το κάνει αυτό, αν όμως προσπαθούμε απλά να κάνουμε κάτι καλό και ευεργετικό κάθε φορά που μας δίνεται η ευκαιρία, τότε θα λυτρωθούμε από τη δυστυχία και θ' αρχίσουμε να βιώνουμε την αγνή αγάπη. Υπάρχουν τόσοι πολλοί άνθρωποι που παίρνουν σ' αυτό τον κόσμο, η Άμμα όμως προσπαθεί να μας διδάξει, μέσα από το δικό Της υπέρτατο παράδειγμα, πώς να γίνουμε εκείνοι που προσφέρουν.

Κεφάλαιο 12

Εκείνη που Φέρνει τη Βροχή

Είναι εύκολο να εκδηλώνουμε την πρόθεσή μας για καλές πράξεις, όμως όλοι γνωρίζουμε πόσο δύσκολο μπορεί να είναι να τη θέσουμε σε εφαρμογή. Είναι η στάση και η πρόθεση που βρίσκονται πίσω από κάθε πράξη που έχουν πραγματικά σημασία, και όχι πάντα η ίδια η πράξη. Όσο εμείς διατηρούμε μια θετική στάση, η Άμμα σίγουρα θα μας βοηθά να ξεπερνάμε την αρνητικότητά μας.

Η Άμμα μας δείχνει ότι αν έχουμε θετική στάση, ο κόσμος γίνεται ένα πραγματικά όμορφο μέρος για να ζει κανείς. Όπου κι αν βρίσκεται, η Άμμα βλέπει πέρα από τον εξωτερικό κόσμο που έχουν φτιάξει τα εγώ μας και απολαμβάνει την ομορφιά της δημιουργίας.

Κάποια άνοιξη πριν από μερικά χρόνια, η Άμμα επισκέφθηκε την Κένυα για να εγκαινιάσει το νέο Της ορφανοτροφείο. Όπως φεύγαμε με το αυτοκίνητο από το αεροδρόμιο, κατέβασα το παράθυρό ώστε να χαιρετήσει τους ανθρώπους που είχαν έρθει για να Την καλωσορίσουν. Δυστυχώς το παράθυρο κόλλησε και δεν έκλεινε ξανά.

Εγώ αγχώθηκα, ενώ κρατούσα τα διαβατήριά μας στα χέρια μου. Ήξερα ότι θα περνούσαμε από επικίνδυνες περιοχές, όπου θα μπορούσε κανείς να μας κλέψει από το ανοιχτό παράθυρο ή να προσπαθήσει να μας βλάψει με κάποιον τρόπο. Και όσο εγώ πάλευα με το διακόπτη του παραθύρου, η Άμμα κοίταξε το ανοιχτό παράθυρο και μου είπε: «Μεγάλο πρόβλημα!» Όταν ο οδηγός άρχισε να απολογείται για τη δυσλειτουργία του παραθύρου, η Άμμα τον διαβεβαίωσε ότι ήταν όλα καλά και ότι λατρεύει να νιώθει το αεράκι.

Γέλασα με τον εαυτό μου βλέποντας πόσο γρήγορα η Άμμα ήταν ικανή ν' αλλάξει στάση, πόσο εύκολα μπορούσε να προσαρμοστεί σε κάθε περίσταση. Έτσι ακριβώς θα πρέπει να είμαστε κι εμείς. Αν δεν μπορούμε να βελτιώσουμε την κατάσταση, θα πρέπει να είμαστε έτοιμοι να προσαρμόσουμε τη νοητική μας στάση σε αυτή.

Νωρίς ένα απόγευμα στην Ινδία, καθώς η Άμμα προχωρούσε προς τη σκηνή για τα μπάτζαν, ένα μικρό παιδί περίπου τριών ετών έτρεχε συνεχώς δίπλα Της. Η Άμμα φώναξε σ' εκείνο το μικρό κορίτσι: «Κούρουβι». Όταν αρχικά το άκουσα, σκέφτηκα ότι ήταν μάλλον το όνομά του. Την επόμενη μέρα, όταν πάλι πηγαίναμε για μπάτζαν και περπατούσαμε επάνω στην ράμπα, η Άμμα άρχισε να φωνάζει: «Κούρουβι, Κούρουβι», αλλά αυτή τη φορά σε δύο άλλα παιδιά.

Τότε σκέφτηκα: «Για περίμενε, δεν μπορεί κι αυτά τα παιδιά να τα λένε Κούρουβι». Ανακάλυψα λοιπόν ότι Κούρουβι λέγεται το μικρό πουλί, το σπουργίτι. Η Άμμα βλέπει τον καθένα σαν αυτά τα μικρά πουλιά, να φτερουγίζει χαρούμενα γύρω Της.

Με τη νοοτροπία μας και τον τρόπο που βλέπουμε τον κόσμο δημιουργούμε τη δική μας πραγματικότητα. Για την Άμμα, που σε όλα βλέπει το καλύτερο και προσπαθεί να μοιράζεται αυτό το όραμα μαζί μας, όλοι είμαστε τα μικρά Της Κούρουβι, τα μικρά Της σπουργιτάκια. Εκείνη μας θρέφει με αγνή αγάπη και θεϊκή σοφία.

Όπου κι αν ταξιδεύουμε στον κόσμο, στο τέλος του προγράμματος οι άνθρωποι συχνά λένε: «Αυτό ήταν το καλύτερο πρόγραμμα που έγινε ποτέ!» Είναι αξιοσημείωτο το να ακούς κάτι τέτοιο. Κάποιος θα σκεφτόταν: «Πώς γίνεται κάθε ένα πρόγραμμα να είναι το καλύτερο που έγινε ποτέ;» Όμως η Άμμα έχει την εκπληκτική ικανότητα να βγάζει το καλύτερο απ' όλα τα πράγματα.

Μετά την άφιξή μας στο Νέο Μεξικό κάθε χρόνο, η Άμμα συνήθως φέρνει την τόσο πολυπόθητη βροχή, κερδίζοντας τον χαρακτηρισμό «Εκείνης που φέρνει τη βροχή». Σε ψυχρές περιοχές, η Άμμα φέρνει τον ήλιο. Εμπνέει τόση καλοσύνη και ευλογίες οπουδήποτε κι αν πάει.

Πρόσφατα, ενώ βρισκόμασταν στο Σαν Ραμόν, είχαμε μια ασυνήθιστα ζεστή ημέρα και έγινε διακοπή του ηλεκτρικού ρεύματος για ένα μεγάλο διάστημα. Φανταζόμουν ότι οι άνθρωποι θα δυσκολεύονταν πολύ να το διαχειριστούν. Ακόμα κι όταν είμαστε στο άσραμ στην Ινδία, αν διακοπεί το ηλεκτρικό ρεύμα επανέρχεται μέσα σε δέκα δευτερόλεπτα. Όμως στο Σαν Ραμόν η διακοπή κράτησε πολλές ώρες.

Το πρόγραμμα συνεχίστηκε. Υπήρχε μόνο μία λάμπα στη σκηνή κατά τη διάρκεια των μπάτζαν, η οποία έπαιρνε ρεύμα από μια μικρή γεννήτρια. Όλη η υπόλοιπη αίθουσα βρισκόταν στο σκοτάδι και επικρατούσε ένα μικρό χάος στην κίνηση των ανθρώπων.

Η μορφή της Άμμα διαγραφόταν αμυδρά κάτω από το θαμπό φως της σκηνής. Οι μπαταρίες στα κινητά αρκετών ανθρώπων είχαν εξαντληθεί και δεν μπορούσαν να τα κοιτάξουν, οπότε δεν είχαν άλλη επιλογή παρά να συγκεντρωθούν στο θεϊκό φως και στην αφοσίωση που ακτινοβολούσε η Άμμα. Οι άνθρωποι ένιωθαν ότι το σκοτάδι υποχρέωνε το νου τους να ησυχάσει και να συγκεντρωθεί στα μπάτζαν, οπότε βίωναν μεγαλύτερη ευδαιμονία απ' ότι συνήθως. Όλοι ένιωθαν ευγνώμονες για την εμπειρία και για άλλη μια φορά είπαν: «Αυτό ήταν το καλύτερο πρόγραμμα που έγινε ποτέ».

Δεν μπορούμε να ελέγξουμε τι θα μας φέρει η ζωή. Ωστόσο, καλλιεργώντας μια στάση αποδοχής, γινόμαστε δεκτικοί στο φως της Χάρης που μας επιτρέπει να βιώνουμε τις ευλογίες της ζωής σε κάθε περίσταση, ακόμα και μέσα στις δυσκολίες.

Όταν ήμασταν στην Αυστραλία, εμφανίστηκε ένα άντρας στο απογευματινό πρόγραμμα φορώντας σκούρα γυαλιά ηλίου. Σκέφτηκα από μέσα μου ότι παρίστανε τον πολύ άνετο, φορώντας γυαλιά ηλίου τη νύχτα. Έπειτα τον άκουσα τυχαία να μιλά σε κάποιον. Είπε ότι ήταν τυφλός για δεκαπέντε χρόνια κι ότι είχε κάνει μια επέμβαση στα μάτια του την προηγούμενη ημέρα και μπορούσε πια να βλέπει ξανά.

Ένιωθε ότι ήταν η χάρη της Άμμα που αποκατέστησε την όρασή του, και αναφώνησε ότι είναι τόσο όμορφος ο κόσμος. Δήλωσε ότι σκόπευε ν' απολαμβάνει την όψη της ομορφιάς σε όλα τα πράγματα ανεξαιρέτως.

Η Άμμα μας θυμίζει ότι είναι η στάση μας που κάνει τη διαφορά. Λέει ότι ο Θεός δεν μεροληπτεί απέναντι σε κανέναν, αλλά όταν διατηρούμε μια θετική στάση πίσω απ' όλες μας τις πράξεις, αυτό εκδηλώνεται στη ζωή μας ως Θεία Χάρη.

Η Άμμα μπορεί να μας γλιτώσει από αρκετές δυσκολίες, όμως ο νους και οι προθέσεις μας πρέπει να είναι αυθεντικά αγνές, ώστε να μπορέσουμε να φτάσουμε στο τελικό στάδιο της απελευθέρωσης.

Χρειάζεται να καταλάβουμε πως οτιδήποτε μας συμβαίνει δεν είναι τιμωρία, αλλά έχει σκοπό να μας αφυπνίσει. Ο Θεός, με άπειρη σοφία και συμπόνια προσπαθεί να μας στρέψει προς τη σωστή κατεύθυνση, ώστε κάποια μέρα να βιώσουμε ολοκληρωτικά και συνειδητά την Αλήθεια, αντί να σερνόμαστε ασυνείδητα μέσα στο καμίνι της ζωής. Κάποιοι νιώθουν ότι ο Θεός είναι σκληρός για να έχει δημιουργήσει έναν τέτοιο κόσμο πόνου, άλλοι όμως αποδέχονται το πεπρωμένο τους προσπαθώντας να κάνουν ό,τι καλύτερο μπορούν στη ζωή.

Μόνο αντιμετωπίζοντας τη ζωή με θετική στάση μπορούμε να ξεφύγουμε από τον κύκλο του κάρμα. Τότε, μπορούμε να βλέπουμε τα πράγματα διαφορετικά. Εάν μαθαίνουμε από τις προκλήσεις της ζωής και τα λάθη μας, το Θείο θα μας επιτρέπει να προχωράμε στο επόμενο μάθημα, χωρίς να χρειάζεται να επιστρέφουμε ξανά στο προηγούμενο. Πάντα θα υπάρχει κάτι άλλο για να μάθουμε!

Η Άμμα επιμένει: «Πρέπει να αντιμετωπίζουμε τα πάντα». Αν επιχειρούμε να ξεφεύγουμε από τις καταστάσεις, αυτές απλώς θα εμφανίζονται ξανά. Ας προσπαθούμε να αξιοποιούμε στο έπακρο κάθε κατάσταση που εμφανίζεται μπροστά μας και ας προσπαθούμε να το κάνουμε αυτό με χαμόγελο και με αγάπη. Διαφορετικά, η κατάσταση αυτή θα μοιάζει με αγριόχορτο που το κόβουμε, αλλά η ρίζα του παραμένει και συνεχίζει ν' αναπτύσσεται στο έδαφος, οπότε μεγαλώνει ξανά. Εάν αποδεχόμαστε με θάρρος ό,τι έρχεται μπροστά μας, μπορούμε να καταστρέψουμε τις ρίζες από τις βαθύτερες συνήθειες και τις αρνητικές μας τάσεις, που βγαίνουν επαναλαμβανόμενα στην επιφάνεια. Εάν καλλιεργούμε μια θετική στάση σε ό,τι κάνουμε, η ζωή μας θα είναι σίγουρα ευλογημένη.

Κεφάλαιο 13

Από Χόρτο σε Γάλα

Η Άμμα βλέπει το καλό σε όλα. Μέσα σε όλες τις καταστάσεις παραμένει ταπεινή και μας δείχνει τη στάση της αληθινής παράδοσης και αποδοχής. Η Άμμα λέει: «Πιστεύουμε ότι το χόρτο δεν είναι τόσο σημαντικό, όμως όταν το τρώει η αγελάδα μετατρέπεται σε γάλα το οποίο μας θρέφει —οπότε πραγματικά το καθετί είναι σημαντικό.» Η Άμμα βλέπει τα πάντα ισότιμα και με την ίδια αγάπη.

Κάποτε, κατά τη διάρκεια μιας πολύωρης αναμονής σ' ένα αεροδρόμιο στη Φρανκφούρτη της Γερμανίας, πήγαμε με την Άμμα να καθίσουμε σε μια αίθουσα για να περιμένουμε την πτήση μας. Τα περισσότερα καθίσματα ήταν κατειλημμένα, οι μόνες θέσεις που μπόρεσα να βρω ήταν δίπλα σε μερικούς άνδρες που έπιναν μπύρες.

Σκέφτηκα μέσα μου: «Εντάξει, δεν φαίνονται και τόσο θορυβώδεις, τουλάχιστον όχι τόσο όσο οι Αυστραλοί πότες». Έλπιζα ότι ίσως θα έπιναν ένα ποτό στα γρήγορα και θα έφευγαν, όμως είχα εντελώς υποτιμήσει την αντοχή που έχουν οι Γερμανοί λάτρεις της μπύρας. Έμειναν εκεί όλη την ώρα.

Ένιωθα τόσο άσχημα που πρόσφερα στην Άμμα μια θέση δίπλα σ' αυτούς τους άνδρες που κουβέντιαζαν έντονα πίνοντας αλκοόλ, αλλά αυτό δεν φαινόταν να Την ενοχλεί, καθόταν απλά γαλήνια. Η Άμμα νιώθει σαν στο σπίτι Της οπουδήποτε στον κόσμο. Αντί να την αποσπάσουν οι πότες, κοιτούσε το χιόνι έξω από το παράθυρο. Η Άμμα είπε πώς το χιόνι της θύμιζε τον αφρό των κυμάτων έξω από το Αμριταπούρι. Όταν ήταν παιδί πήγαινε στις όχθες του ωκεανού, και για κάποιους μήνες του χρόνου ο αφρός των κυμάτων έμοιαζε ακριβώς με εκείνο εκεί το χιόνι. Ήταν τόσο ευτυχής στην ενατένιση και στη θύμηση του ωκεανού. Μου έδειξε πως ανεξάρτητα από το πού βρίσκεται, Εκείνη βλέπει μόνο το θετικό σε όλα και πάντα θυμάται το θεμέλιο των πάντων, την αγάπη.

Ένα ζευγάρι μετακόμισε σε μια νέα γειτονιά. Το πρωί της πρώτης τους μέρας εκεί, και ενώ έτρωγαν πρωινό, η νεαρή γυναίκα είδε απλωμένη τη μπουγάδα της γειτόνισσας.

«Αυτά τα ρούχα δεν είναι και τόσο καθαρά», είπε. «Δεν ξέρει πώς να πλένει σωστά. Ίσως να της χρειάζεται ένα καλύτερο απορρυπαντικό ρούχων!» Ο άνδρας της κοίταξε, αλλά παρέμεινε σιωπηλός. Κάθε φορά που η γειτόνισσα άπλωνε τα ρούχα της έξω για να στεγνώσουν, η νεαρή γυναίκα έκανε παρόμοια σχόλια.

Ένα μήνα περίπου αργότερα, η γυναίκα έμεινε έκπληκτη βλέποντας καλοπλυμένα ρούχα στην απλώστρα και όλο ενθουσιασμό είπε στον άνδρα της: «Γιώργο, δες! Επιτέλους έμαθε πώς να πλένει σωστά. Ουάου! Επιτέλους! Αναρωτιέμαι ποιος της έδειξε τον τρόπο.» Ο άνδρας της ήσυχα αποκρίθηκε: «Γλυκιά μου, σηκώθηκα νωρίς σήμερα το πρωί και καθάρισα τα τζάμια στα παράθυρά μας». Συχνά κατηγορούμε τους άλλους για τα λάθη μας, ενώ τα προβλήματα τα προκαλεί η περιορισμένη όρασή μας.

Κάποτε διάβασα ένα άρθρο για έναν ηλικιωμένο άνδρα στη Γερμανία που είχε ενοχληθεί από το συνεχές άκουσμα της ίδιας μουσικής. Αποφάσισε να καλέσει την αστυνομία για να παραπονεθεί. Είχε θυμώσει που οι γείτονές του έβαζαν μουσική οποιαδήποτε ώρα της μέρας ή της νύχτας, και νόμιζε ότι προσπαθούσαν επίτηδες να τον ενοχλήσουν. Μετά από έρευνα, η αστυνομία ανακάλυψε ότι ο πραγματικός ένοχος ήταν μια μουσική κάρτα στο περβάζι του δικού του παραθύρου. Ο άνεμος φυσώντας την άνοιγε κι αυτή ξεκινούσε να παίζει. Τα πράγματα ποτέ δεν είναι έτσι όπως εμείς νομίζουμε ότι είναι.

Πολύ συχνά έχουμε την τάση να κατηγορούμε τον εξωτερικό μας περίγυρό για τα προβλήματά μας, όμως είναι η εσωτερική μας στάση που πραγματικά καθορίζει την πραγματικότητά που βιώνουμε. Ζούμε στον δικό μας πλασματικό κόσμο και είναι δύσκολο να βγούμε απ' αυτόν. Όλοι βιώνουμε τον κόσμο διαφορετικά.

Αυτός είναι ο λόγος που χρειαζόμαστε επιπλέον βοήθεια, τη βοήθεια ενός Τέλειου Δασκάλου. Η χάρη Του είναι απολύτως απαραίτητη για να μας τραβήξει έξω από την διαστρεβλωμένη πραγματικότητα που έχουμε φτιάξει, ώστε να αποδεχθούμε και να παραδοθούμε στη δημιουργία του Θεού.

Με την παρουσία της Άμμα γίνεται πολύ πιο εύκολο το να βλέπεις το καλό σε όλα γύρω σου. Μια μέρα που επιστρέφαμε πίσω στο άσραμ και είμασταν όλοι ενθουσιασμένοι γιατί λείπαμε για κάμποσους μήνες, η Άμμα δήλωσε: «Πραγματικά, τα έχουμε όλα εδώ!» Και ξεκινήσαμε να προσθέτουμε όλοι κι από κάτι στα υπέροχα πράγματα που είναι διαθέσιμα στο Αμριταπούρι. Η Άμμα είπε: «Ναι, εδώ είναι κάθε μέρα σαν γιορτή». Ο Σουάμιτζι πρόσθεσε: «Ναι, κάνουμε πούτζα (λατρευτικές τελετές) όλη την ώρα». Ο οδηγός άρχισε να λέει κι αυτός: «Ναι, στο άσραμ γίνονται τόσα πολλά ενδιαφέροντα μαθήματα». Εγώ είπα: «Κι έχουμε και πίτσα και παγωτό!» Η Άμμα πρόσθεσε: «Και το παγωτό μας δεν έχει αέρα μέσα. Τα παγωτό που παίρνεις απ' έξω είναι διογκωμένο, οπότε παίρνεις στην πραγματικότητα μόνο το μισό απ' αυτό που αγοράζεις, το υπόλοιπο είναι αέρας». Η Άμμα όλο ενθουσιασμό συνέχισε: «Παίρνεις μόνο αγνό παγωτό απ' αυτό εδώ το μέρος, αφού είναι εντελώς φτιαγμένο στο χέρι, με αφοσίωση και μάντρα». «Ναι! Και μπορούμε να κολυμπάμε κι έχουμε και το ντάρσαν της Άμμα!» Ήμασταν τόσο ενθουσιασμένοι. Νιώθαμε πως γυρίζαμε σπίτι μας, στον παράδεισο πάνω στη γη. Είμαστε πραγματικά τόσο τυχεροί.

Το όραμα της Άμμα εμπνέει κι εμάς. Η τέλεια επίγνωση επιτρέπει στην αγάπη να ρέει γύρω μας, όπως ρέει και για Εκείνην, όπου κι αν πάει. Κι όμως εμείς ακόμα βλέπουμε μόνο το εξωτερικό περίβλημα σε όλα· βλέπουμε μόνο αυτά που θέλουμε να δούμε, κρίνοντάς τα όλα με την περιορισμένη όρασή μας. Είναι δύσκολο για εμάς να θυμόμαστε την πραγματική μας φύση και το θεμέλιο της αγάπης, όταν είμαστε κολλημένοι μέσα στο νου μας. Όμως η Άμμα μπορεί να διαπερνά την επιφάνεια και να βλέπει την αλήθεια, την αγάπη και την ομορφιά που κατοικεί μέσα σε όλα. Καταβάλλοντας προσπάθεια και με τη δική Της χάρη, ίσως να μπορέσουμε κι εμείς μια μέρα να δούμε τα πάντα στη ζωή με μάτια αγνά, όπως κι Εκείνη.

Κεφάλαιο 14

Υπόκλιση σε όλη τη Δημιουργία

Η κατάκτηση της χαράς και της ειρήνης είναι ο στόχος κάθε ανθρώπου στη ζωή. Ό,τι κι αν κάνουμε είναι επειδή στην πραγματικότητα αγωνιζόμαστε γι' αυτό. Αν θέλουμε να δούμε ειρήνη στον εξωτερικό κόσμο, θα πρέπει να την βρούμε πρώτα μέσα στον ίδιο μας το νου.

Ό,τι κάνει η Άμμα έχει στόχο να μας βοηθήσει να ηρεμήσουμε τον νου που αμφιβάλλει προκαλώντας μας συνεχώς προβλήματα και να μας μεταδώσει την αισιοδοξία που χρειάζεται ώστε να είμαστε ανοιχτοί στη Θεία χάρη. Η Άμμα ξέρει πόσο λίγο πιστεύουμε στον εαυτό μας, γι' αυτό μας χαρίζει την καθοδήγηση και τις ευλογίες Της για να μας βοηθήσει ν' ανοίξουμε τα πανιά μας, έτσι ώστε να μπορούμε να περνάμε μέσα απ' όποια καταιγίδα βρεθεί μπροστά μας.

Κάποιο Νοέμβριο, μια γυναίκα ήθελε απεγνωσμένα να έρθει σαν εθελόντρια στην περιοδεία μαζί μας για να περάσει λίγο παραπάνω χρόνο με την Άμμα. Τα κανόνισε όλα για την πτήση της, όμως έπειτα αρρώστησε. Αναγκάστηκε ν' ακυρώσει το ταξίδι της και απογοητεύτηκε φοβερά. Παρόλα αυτά συνέχιζε μέχρι την τελευταία στιγμή να προσεύχεται και να ελπίζει ότι η Άμμα θα την θεράπευε πριν να έρθει η ώρα να μπει στο αεροπλάνο, όμως κάτι τέτοιο δεν συνέβη.

Εμπιστευόταν την Άμμα, οπότε παρά την απογοήτευσή της προσπάθησε να διατηρήσει μια θετική στάση, κι ας μην μπορούσε να καταλάβει γιατί της συνέβαινε κάτι τέτοιο. Έπειτα, έλαβε ένα μήνυμα ότι ένας από τους μαθητές της είχε δολοφονηθεί και ότι η κηδεία του θα γινόταν την επόμενη μέρα.

Όταν πήγε στην κηδεία, βρήκε πολλούς παλιούς μαθητές της χωρίς τους γονείς τους. Κατέληξε να κλαίει μαζί τους και να τους παρηγορεί. Μπορούσε να νιώσει την παρηγοριά της Άμμα να ρέει μέσα από τα χέρια της όσο κρατούσε τους αναστατωμένους έφηβους. Ήξερε ότι ήταν σίγουρα η χάρη της Άμμα που την έκανε να ακυρώσει την πτήση της, ώστε να μπορέσει να είναι εκεί για τους μαθητές της τη στιγμή που την χρειάστηκαν.

Η καρδιά της ήταν κοντά στην Άμμα, όμως τα χέρια της ήταν απασχολημένα στην υπηρεσία των άλλων, ακριβώς έτσι όπως θα ήθελε η Άμμα. Η Άμμα δρα με τόσο μυστήριους τρόπους. Μερικές φορές θέλουμε η υπηρεσία μας να είναι έτσι ακριβώς όπως την έχουμε σκεφτεί εμείς και όχι διαφορετικά, όμως ο Θεός ίσως έχει άλλα σχέδια για εμάς.

Ο Θεός μας έχει βάλει εκεί όπου πρέπει να είμαστε στον κόσμο. Τίποτα απ' όσα συμβαίνουν δεν είναι ποτέ λάθος. Η δική μας πρόκληση είναι να αποδεχτούμε με προθυμία το σχέδιο του Θεού. Η κυριολεκτική σημασία του «Γεννηθήτω το Θέλημα σου» είναι το να μπορούμε πραγματικά να αποδεχόμαστε ό,τι έρχεται μπροστά μας, κατανοώντας ότι όλα είναι κομμάτι του Θεϊκού σχεδίου. Σε όποια κατάσταση κι αν βρισκόμαστε είναι για να μάθουμε κάτι, οπότε πρέπει να προσπαθούμε να την αποδεχόμαστε.

Η ζωή ποτέ δεν έρχεται όπως εμείς την σκεφτόμαστε, ειδικότερα η πνευματική ζωή! Μπορεί να υπάρξουν πολλές δυσκολίες που θα χρειαστεί να αντιμετωπίσουμε, όμως η Άμμα μας θυμίζει ότι το ανθεκτικότερο, το καλύτερο ατσάλι φτιάχνεται στο θερμότερο καμίνι —κι όμως όλοι γνωρίζουμε πόσο δύσκολη είναι η παράδοση.

Εμένα μου δίνεται επαναλαμβανόμενα η ευκαιρία να ασκηθώ στην παράδοση, με όλο το μπέιμπι σίτινγκ που χρειάζεται να κάνω όταν στέκομαι πίσω από την Άμμα στα δημόσια προγράμματα. Κάποιες φορές έχω σκεφτεί ότι θα έπρεπε να χρεώνουμε γι' αυτό, αφού τα προγράμματα της Άμμα προσφέρουν τις καλύτερες υπηρεσίες φύλαξης νηπίων στον κόσμο!

Έχω δηλώσει πολλές φορές ότι αυτό είναι το μόνο μέρος στον κόσμο όπου ένα επαγγελματικό πρόγραμμα διεξάγεται με παιδιά να κυλιούνται σε όλη τη σκηνή, να γελούν, να μιλάνε, να κλαίνε ή να τσακώνονται, όταν κάποιος προσπαθεί να βγάλει έναν λόγο ή όταν οι μουσικοί προσπαθούν να παίξουν. Ανάλογα με το πόσο άτακτα είναι, έχω καταφύγει μέχρι και στο να τους τραβώ τ' αφτιά για να κάνουν ησυχία!

Ένα βράδυ, ενώ καθόμουν σ' ένα πρόγραμμα με αυτά τα παιδιά, είχα μια αναλαμπή κατανόησης. Κατάλαβα γιατί η Άμμα μου δίνει αυτήν την ευκαιρία: αντί να τους κάνω εγώ τη χάρη που τα φροντίζω, αυτά τα παιδιά με βοηθούν στο να αφυπνιστεί κάτι μέσα μου. Η Άμμα προσπαθεί να ξυπνήσει την Συμπαντική μητρότητα μέσα μου και σε όλους μας, όχι μόνο στις γυναίκες που έχουν παιδιά. Έτσι, αυτό είναι ένα δώρο που μου προσφέρει η Άμμα για την αφύπνισή μου.

Η Άμμα εργάζεται με τον καθένα σε προσωπικό επίπεδο. Είναι ο καταλύτης για ό,τι χρειαζόμαστε να έρθει στη ζωή μας. Αυτό είναι κάτι που συμβαίνει αυθόρμητα όταν ερχόμαστε σε επαφή με έναν Μαχάτμα. Εάν καταφέρουμε να παραδοθούμε, Εκείνη θα μας οδηγήσει σε μια κατάσταση τελειότητας.

Ό,τι έρχεται στο δρόμο μας είναι ευλογία. Καλλιεργήστε την ταπεινότητα να λαμβάνετε τα πάντα στη ζωή σαν δώρο, και το ταξίδι θα γίνει όμορφο. Εάν έχουμε τα αθώα μάτια ενός παιδιού, αποδεχόμενοι τα πάντα και χρησιμοποιώντας τα όλα σαν μαθήματα ανάπτυξης, τότε το ταξίδι της ζωής θα είναι μια υπέροχη εμπειρία.

Κάποτε, ενώ επιβιβαζόμασταν σ' ένα αεροπλάνο με την Άμμα, έδωσα την κάρτα επιβίβασής μου στον αεροσυνοδό. Εκείνος με ρώτησε χαρωπά: «Ποιο είναι το αγαπημένο σου χρώμα;» Πρέπει να παραδεχτώ ότι ένιωσα λίγο ενοχλημένη από την τόσο χαζή ερώτηση, όμως φαινόταν τόσο ενθουσιώδης, και επίσης κρατούσε την κάρτα επιβίβασής μου.

Για ένα δευτερόλεπτο σκέφτηκα ποια θα μπορούσε να είναι η απάντησή μου, μία σαρκαστική απόκριση άρχισε να σχηματίζεται στο νου μου...όμως μετά απλά αποφάσισα να παραδοθώ και να τον κάνω χαρούμενο, οπότε απάντησα: «Το πορτοκαλί!»

«Ναι!!!» είπε εκείνος, «Αυτή είναι η σωστή απάντηση!» Ήταν πάρα πολύ ενθουσιασμένος που είχα απαντήσει σωστά, οπότε με άφησε να φύγω. Στην πραγματικότητα, είπα ψέματα... μόνο για να τον κάνω χαρούμενο λέγοντάς του αυτό που ήθελε να ακούσει. Πιστεύετε πραγματικά ότι το πορτοκαλί είναι το αγαπημένο μου χρώμα;

Όταν μπορούμε να παραδοθούμε νιώθουμε πολύ ωραία και αυτό κάνει και τους άλλους να νιώθουν ωραία, επίσης. Μόνο τότε μπορεί η Θεϊκότητα να ρέει μέσα από εμάς. Η Άμμα λέει πως όταν υποκλινόμαστε, δεν υποκλινόμαστε απλά στους άλλους ανθρώπους αλλά σε ολόκληρη τη δημιουργία.

Οι προκλήσεις στη ζωή δεν μας δίνονται για να μας καταστρέψουν, αλλά αντίθετα για να φανερώσουν όλες τις δυνατότητες που μένουν αναξιοποίητες μέσα μας. Διδασκόμαστε περισσότερα από τις δυσκολίες αν τις βλέπουμε σαν δοκιμασίες που μας παρέχονται για να αναπτυχθούμε, για να κάνουμε το νου μας αγνό και δυνατό.

Όσα προβλήματα κι αν προκύπτουν στη ζωή, πρέπει να προσπαθούμε να τα αντιμετωπίζουμε με αταραξία. Τότε θα γίνουμε σαν το λωτό που μεγαλώνει δυνατός μέσα στη βρωμιά και τη λάσπη. Πολύτιμα μαθήματα εμφανίζονται στο δρόμο μας μεταμφιεσμένα με πολλούς τρόπους. Όταν μάθουμε να παραδινόμαστε σε αυτά, αποκαλύπτεται η κρυμμένη ομορφιά που βρίσκεται μέσα σε όλες τις περιστάσεις της ζωής.

Κεφάλαιο 15

Η Τέλεια Παράδοση

Η Άμμα αναφέρει πως οι Μαχάτμα μπορούν ν' αλλάξουν το πεπρωμένο μας, όμως αν το κάνουν ίσως δεν πάρουμε τα μαθήματα που χρειαζόμαστε από τις εμπειρίες που παρουσιάζονται μπροστά μας. Μαχάτμα όπως η Άμμα έχουν πλήρως παραδοθεί στο θέλημα του Θεού: βλέπουν τα πάντα στη σωστή τους θέση και το πεπρωμένο μας να εκτυλίσσεται έτσι όπως θα έπρεπε. Η Άμμα δεν πηγαίνει ενάντια στο θέλημα του Θεού, εάν περνάμε κάποια δύσκολη κατάσταση για κάποιο λόγο. Σε τελική ανάλυση όλες μας οι εμπειρίες έχουν στόχο να μας βοηθήσουν να αναπτυχθούμε.

Εάν η Άμμα έδιωχνε μακριά ό,τι είναι να έρθει σε εμάς, τότε μπορεί να κάναμε κύκλους επαναλαμβάνοντας τα ίδια λάθη. Χρειάζεται να προσπαθούμε να απορροφήσουμε την ουσία από κάθε δίδαγμα που εμφανίζεται μπροστά μας στη ζωή μέσα από δύσκολες εμπειρίες. Αυτές οι εμπειρίες προέρχονται από τη Θεϊκή θέληση και είναι κομμένες και ραμμένες στα μέτρα μας.

Κάποτε διάβασα μία εκπληκτική ιστορία για μία νευροεπιστήμονα, η ζωή της οποίας άλλαξε ριζικά μέσα από την εμπειρία ενός εγκεφαλικού επεισοδίου. Ξαφνικά μια μέρα κατέρρευσε λόγω ενός ογκώδους θρόμβου στο αριστερό ημισφαίριο του εγκεφάλου, όμως μπορούσε ακόμα κατά τη διάρκεια του περιστατικού να έχει επίγνωση του τι της συμβαίνει.

Το επιστημονικό της αντικείμενο αφορούσε τη λειτουργία του εγκεφάλου, οπότε μπορούσε να πάρει απόσταση από την εμπειρία και να γίνει ολοκληρωτικά ένας παρατηρητής της, ενώ ταυτόχρονα έπασχε από αυτήν.

Η συνειδητότητά της βγήκε από το αριστερό ημισφαίριο του εγκεφάλου της και πέρασε στο δεξί και είχε μια εξωσωματική εμπειρία, εγκαταλείποντας πλήρως τη συνηθισμένη κατάσταση της συνείδησής της. Αυτή η εμπειρία της έδειξε το μεγαλείο του σύμπαντος, το οποίο μπορεί να γίνει αισθητό και ορατό όταν εμείς γινόμαστε ικανοί να ξεφύγουμε από τα δεσμά του νου και του σώματός μας.

Έχουμε την τάση να χτίζουμε ένα φράγμα και να λέμε: «Αυτό είμαι εγώ και όλα τα άλλα δεν είμαι εγώ». Εκείνη τη στιγμή η γυναίκα αυτή μπόρεσε να υπερβεί τέτοιες περιοριστικές αντιλήψεις και έγινε ένα με όλα. Έζησε μια εκπληκτική περιπέτεια, βλέποντας την ομορφιά κάθε κοσμικού ατόμου και τον τρόπο που είναι φτιαγμένο. Συνέχισε να πηγαίνει πίσω στο σώμα και να νιώθει τα φυσικά συμπτώματα του εγκεφαλικού, αλλά μπορούσε να υπερβεί και αυτή την εμπειρία.

Το εγκεφαλικό επεισόδιο για εκείνη ήταν ένα τόσο θετικό και ανατρεπτικό γεγονός στη ζωή της. Για λίγο, μπόρεσε να πάει πέρα από τον μικρό εαυτό της, τον γεμάτο προβλήματα, να βιώσει την εξαιρετική ομορφιά του ευρύτερου Εαυτού, και να γνωρίσει πραγματικά τι σημαίνει να γίνεσαι ένα με το Σύμπαν. Για εκείνη, το να έχει κανείς αυτή την ευκαιρία εν μέσω ενός εγκεφαλικού ήταν σχεδόν απίστευτο.

Η ζωή της άλλαξε ολοκληρωτικά. Μπόρεσε να κατανοήσει τις δυνατότητες που υπάρχουν για όλους μας. Ήταν μια επιστήμονας, όχι ένα πνευματικό άτομο, αλλά το αν θεωρούμε τους εαυτούς μας πνευματικούς ή όχι είναι άσχετο. Το μονοπάτι που οδηγεί στην κατανόηση του νοήματος της ζωής μας είναι ανοιχτό για όλους.

Έχουμε ζήσει χωρίς πραγματική επίγνωση το μεγαλύτερο μέρος της ζωής μας και μας έχει γίνει συνήθεια το να υπάρχουμε κατ' αυτόν τον τρόπο. Η πλειοψηφία των ανθρώπων ζει τυφλά, αγνοώντας το πραγματικό δυναμικό της ανθρώπινης γέννησης. Η Άμμα μας υπενθυμίζει ότι όλοι έχουμε την ικανότητα να φτάσουμε στην κορυφή της ανθρώπινης εμπειρίας ανοίγοντας το κλειστό μπουμπούκι της καρδιάς μας.

Δεν υπάρχει τίποτα κακό στο να ζητάμε από την Άμμα να μας βοηθά, να προσευχόμαστε γι' αυτό που θέλουμε, γι' αυτό που χρειαζόμαστε ή ακόμα και να προσευχόμαστε για ό,τι νιώθουμε ότι είναι άδικο στην ζωή. Μπορούμε ελεύθερα να προσευχηθούμε για οτιδήποτε —αλλά στο τέλος θα χρειαστεί να αποταυτιστούμε από αυτό. Όσο παραμένουμε ταυτισμένοι με όλα τα νοητικά κατασκευάσματα που δημιουργούμε στο νου μας, δεν θα μπορέσουμε να βιώσουμε τον κόσμο έτσι όπως πραγματικά είναι.

Η Άμμα νιώθει τέτοια συμπόνια για όλη τη δυστυχία του κόσμου, που είναι πάντοτε διατεθειμένη να προσφέρει την ύψιστη συμπαράστασή Της σε σκέψεις, λόγια και έργα, ώστε να προσπαθήσει να μας κάνει αρκετά δυνατούς για

Η Τέλεια Παράδοση

ν' αντέξουμε ό,τι χρειάζεται, μολονότι δεν θα απομακρύνει όλο τον πόνο από το δρόμο μας.

Μία πιστή από την Ελβετία μοιράστηκε μαζί μου την παρακάτω ιστορία που καταδεικνύει αυτήν την αλήθεια.

Πριν δέκα χρόνια είχα έναν μεγάλο όγκο στην πλάτη μου. Όταν μεγάλωσε, ρώτησα τη Μητέρα τι να κάνω και μου πρότεινε να συμβουλευτώ το γιατρό. Όταν πήγα στο γιατρό, εκείνος μου είπε ότι χρειαζόταν επέμβαση, αφού ο όγκος ήταν μάλλον κακοήθης. Πραγματικά δεν φοβόμουν. Αμφέβαλλα για το αν ήταν όντως καρκίνος και γνώριζα πως έχω την προστασία της Μητέρας. Εμπιστευόμουν την Άμμα και πίστευα ακράδαντα πως ό,τι κι αν συνέβαινε θα ήταν προς όφελός μου.

Προγραμμάτισα την επέμβαση για μετά την επίσκεψη της Άμμα στην Ευρώπη, ώστε να έχω την ευλογία Της. Όταν η Μητέρα ήταν στην Ελβετία, Της τα εξήγησα όλα και Εκείνη ήταν εξαιρετικά στοργική και γλυκιά μαζί μου. Χάιδεψε τον όγκο και ρώτησε τον άνδρα μου πώς θα οργανώναμε την φροντίδα των δύο παιδιών μας. Είναι η καλύτερη Μητέρα στον κόσμο και η καλύτερη φίλη που είχα ποτέ.

Στο Μόναχο, λίγες μόνο μέρες πριν την εγχείρηση, πήγα για ντάρσαν. Η Άμμα κοίταξε βαθιά μέσα στα μάτια μου. Ζήτησε τον αριθμό του τηλεφώνου μου και με ρώτησε αν θα ήταν εντάξει να καλέσει μετά την επέμβαση για να ρωτήσει πώς πήγε. Η συμπόνια και η έγνοια Της για μένα με είχαν κατακλύσει. Δάκρυα κυλούσαν στα μάγουλά μου.

Μετά την επέμβαση, ο γιατρός κάλεσε τον σύζυγό μου και του είπε πως όλα είχαν πάει καλά, πρόσθεσε όμως ότι ήταν μεγάλη η πιθανότητα ο όγκος να ήταν κακοήθης, αφού είχε διαπεράσει τους μύες γύρω του.

Όταν άκουσα ότι μπορεί και να ήταν καρκίνος, σοκαρίστηκα. Πάλευα με τη Μητέρα μέσα στο κεφάλι μου ρωτώντας: «Γιατί χρειάζεται να το περάσω όλο αυτό; Τι θα συμβεί στα παιδιά μου αν πεθάνω; Γιατί μ' εγκαταλείπεις;

Ένιωσα την παρουσία της Άμμα να έρχεται μέσα στο δωμάτιο του νοσοκομείου και να κάθεται δίπλα μου στο κρεβάτι. Πλημμύρισα από την αγάπη και την ειρήνη Της. Τελικά, παραδόθηκα στην πιθανότητα του καρκίνου και θυμήθηκα ότι όλα γίνονται μονάχα προς όφελός μου.

Μετά από μία εβδομάδα πήρα τα αποτελέσματα των εξετάσεων. Ο γιατρός φαινόταν λίγο μπερδεμένος όταν ήρθε στο δωμάτιό μου. Είπε ότι οι εξετάσεις είχαν ένα απίστευτο αποτέλεσμα: ο όγκος ήταν καλοήθης, όμως αυτός δεν μπορούσε να το πιστέψει. Ήθελε να με εξετάσει ξανά και θα με ενημέρωνε για το αποτέλεσμα. Τα αποτελέσματα της δεύτερης εξέτασης βγήκαν: δεν υπήρχε καρκίνος. Μπορούσα να επιστρέψω σπίτι στην οικογένειά μου.

Όταν ευχαρίστησα την Άμμα που μου έσωσε τη ζωή, Εκείνη απάντησε ταπεινά: «Ήταν η χάρη του Θεού που άλλαξε τον όγκο».

Χρειάζεται να είμαστε δυνατοί ώστε να αντιμετωπίζουμε οτιδήποτε έρχεται στο δρόμο μας, συνειδητοποιώντας ότι οι προκλήσεις της ζωής μας είναι πάντα μεταμφιεσμένες ευλογίες που έχουν σκοπό να βοηθήσουν την ανάπτυξή μας. Εάν μπορούμε να το θυμόμαστε αυτό, το ταξίδι μας θα γίνει ευκολότερο. Εμείς, όμως, συνήθως παλεύουμε ενάντια σε ό,τι έρχεται μπροστά μας, πιστεύοντας ότι φταίει κάποιος άλλος, ότι δεν είναι σωστό ή ότι είναι άδικο.

Αν αντιστεκόμαστε σε όλα ο πόνος θα είναι αναπόφευκτος. Ο Θεός δεν μας δίνει τις δοκιμασίες για να μας τιμωρήσει. Ο πόνος εμφανίζεται για ν' ανοίξει την καρδιά μας, ώστε να καταλάβουμε βαθύτερα ποιοι είμαστε πραγματικά. Εάν μάθουμε να αποδεχόμαστε, τότε ίσως μπορέσουμε μια μέρα κι εμείς να ενσαρκώσουμε την τέλεια παράδοση, που τόσο μας έλκει στην Άμμα. Εκείνη αποδέχεται την ροή της ζωής με όλες τις εκπλήξεις της. Είναι αυτή η αποδοχή που επιτρέπει στη Θεία χάρη να ρέει ανεμπόδιστα.

Κεφάλαιο 16

Η Ροή της Χάριτος

Η Θεία χάρη πάντοτε θα μας βοηθά να τα βγάζουμε πέρα όταν τη χρειαζόμαστε πραγματικά. Είναι ο από μηχανής θεός που κάνει τη ζωή μας γλυκιά και μας βοηθά να υπερβαίνουμε όλες τις δυσκολίες.

Η ροή της χάριτος που πηγάζει από έναν ζωντανό Μαχάτμα μπορεί πραγματικά ν' αλλάξει τη ζωή μας. Η χάρη της Άμμα ρέει συνεχώς προς τον καθέναν από εμάς. Η Άμμα δεν αγαπά κάποιους ανθρώπους περισσότερο από τους άλλους· απλώς κάποιοι βρίσκουν τον τρόπο ν' ανοίξουν την καρδιά τους ώστε να συντονιστούν με τη χάρη, ενώ άλλοι είναι σαν να κρατούν ομπρέλα που εμποδίζει τη ροή της. Όπου κι αν βρίσκεστε, καταλάβετε ότι η Άμμα είναι πέρα από τον κοσμικό νόμο του χώρου και του χρόνου. Η χάρη Της μπορεί να σας περιβάλλει όπου κι αν είστε.

Αν ζούμε μια ζωή αφοσίωσης, η χάρη του Θεού πάντα θα είναι διαθέσιμη σ' εμάς. Η

Άμμα έχει υποσχεθεί ειλικρινά πως οι εγκάρδιες προσευχές μας θα φτάνουν πάντα σε Εκείνη. Μπορούμε να έχουμε μια άμεση σύνδεση μαζί Της. Η τηλεφωνική γραμμή δεν είναι ποτέ κατειλημμένη εάν στέλνουμε τις προσευχές μας άμεσα –και δεν υπάρχει καμία χρέωση σε αυτό το κοσμικό σύστημα επικοινωνίας.

Ορίστε μια ιστορία που δείχνει πόσο όμορφα ανθίζει η Θεία χάρη: ένα νεαρό κορίτσι τελειώνοντας το σχολείο ρώτησε την Άμμα τι να κάνει στη ζωή της. Η Άμμα της είπε ότι θα έπρεπε να σπουδάσει ιατρική και την συμβούλεψε να γραφτεί στη σχολή ιατρικής του νοσοκομείου AIMS στην Ινδία. Το κορίτσι έμεινε έκπληκτο, αφού δεν είχε αριστεύσει ακαδημαϊκά και επιπλέον είχε μια σοβαρή αναπηρία, ένα πρόβλημα όρασης που έκανε εξαιρετικά δύσκολο το διάβασμα. Γνωρίζοντας πόση μελέτη χρειάζεται για να σπουδάσει κανείς ιατρική, δεν είχε φανταστεί ποτέ ότι θα μπορούσε να το κάνει. Όμως η Άμμα επέμενε να προσπαθήσει, οπότε εκείνη με πλήρη πίστη παραδόθηκε και γράφτηκε στην ιατρική σχολή του AIMS.

Οι περισσότεροι από εμάς που ξέραμε το κορίτσι, αμφιβάλλαμε για το αν θα μπορούσε να πετύχει, γνωρίζοντας πόσα χρόνια επίπονης μελέτης χρειάζονται. Εκείνη όμως, με κάποιον τρόπο, κατάφερνε να περνά τις εξετάσεις κάθε χρόνο.

Όταν έφτασαν οι τελικές εξετάσεις, στο τμήμα της που είχε τριάντα σπουδαστές, ένα άλλο κορίτσι που όλοι πίστευαν ότι θα τελείωνε πρώτη, επειδή έπαιρνε συνήθως τις μεγαλύτερες βαθμολογίες, κατέληξε να αποτύχει. Ενάντια σε όλες τις δικές της και όλων των άλλων προσδοκίες, εκείνο το κορίτσι με το πρόβλημα όρασης, πήρε πολύ υψηλή βαθμολογία, ανεβαίνοντας στους πρώτους πέντε του τμήματός της.

Έμεινα έκπληκτη όταν εκείνη ανέφερε ότι, από ολόκληρο το τμήμα, οι έξι σπουδαστές που ήταν πιστοί της Άμμα κατέληξαν να πάρουν τις πρώτες έξι βαθμολογίες με επαίνους. Ένας σπουδαστής που είχε τη λιγότερη παρακολούθηση στα μαθήματα, λόγω του ότι ταξίδευε με την Άμμα, πήρε τον υψηλότερο βαθμό διάκρισης.

Με αυτό το παράδειγμα δεν θέλω βέβαια να πω ότι όποιος αφοσιώνεται στην Άμμα δεν χρειάζεται να μελετά, όμως θα πρέπει τουλάχιστον να συνειδητοποιήσουμε τη θαυματουργή και απεριόριστη δύναμη της χάρης που μπορεί να ξεδιπλωθεί στη ζωή μας, εάν ανοιχτούμε και την αφήνουμε να ρέει μέσα μας.

Στην αρχή, είναι απαραίτητο να καταβάλλουμε προσπάθεια, γιατί διαφορετικά είναι πολύ δύσκολο να δεχτούμε τη Θεία χάρη. Αφού έχουμε κάνει ό,τι καλύτερο μπορούμε, χρειάζεται απλώς να εμπιστευτούμε τη χάρη και να την αφήνουμε να μας οδηγεί. Όταν παραδινόμαστε και συντονίζουμε τον νου μας με την Άμμα, η χάρη απλά εκδηλώνεται.

Η προσπάθεια είναι σημαντική για να είμαστε ανοιχτοί στη χάρη. Η Άμμα δίνει ένα παράδειγμα: εάν κάνουμε ένα οδικό ταξίδι στο βουνό, χρειάζεται πρώτα να ελέγξουμε τη μηχανή και τα φρένα του αυτοκινήτου, για να βεβαιωθούμε ότι λειτουργούν σωστά. Πρέπει να σιγουρευτούμε ότι υπάρχει αρκετή βενζίνη, λάδι και νερό στη μηχανή και ότι το παρμπρίζ είναι καθαρό. Αφού τα έχουμε φροντίσει όλα αυτά, κάνοντας το μέγιστο ώστε να είναι όλα σε καλή κατάσταση, χρειάζεται ν' αφήσουμε τα υπόλοιπα στη χάρη του Θεού.

Μία πιστή στην Καλιφόρνια έχει έναν έφηβο γιο με μια σπάνια ασθένεια, που τον άφησε με τον υποανάπτυκτο νου ενός παιδιού. Ο γιος της συνήθιζε να κάθεται στον καναπέ με την μητέρα του κάθε μέρα, κι εκείνη χρόνο με τον χρόνο προσπαθούσε να του μάθει να διαβάζει.

Όταν έφτασε τα δεκαπέντε, εκείνη ανησύχησε ότι δε θα μάθαινε ποτέ.

Φτάνοντας στα όριά της, αυτή η μητέρα πήγε στην Άμμα και Της ζήτησε να τη βοηθήσει. Η Άμμα της είπε να φέρει ένα κομμάτι σανδαλόξυλο για ευλογία. Η μητέρα πήρε ένα και πήγε για ντάρσαν μαζί με το γιο της. Το αγόρι άρπαξε το σανδαλόξυλο από το χέρι της μητέρας του και το έδωσε μόνο του στην Άμμα κοιτώντας Την βαθιά στα μάτια. Η μητέρα του έμεινε έκπληκτη με αυτή του τη συμπεριφορά, γιατί δεν συνήθιζε να κοιτά κανέναν στα μάτια. Η Άμμα τον κοίταξε κι Εκείνη και του επέστρεψε το σανδαλόξυλο αφού το ευλόγησε.

Το αγόρι έβαζε την πάστα του σανδαλόξυλου στο μέτωπό του κάθε μέρα, και παραδόξως ξεκίνησε να μαθαίνει ανάγνωση. Δύο χρόνια αργότερα η μητέρα του με ενημέρωσε ότι τώρα πια διαβάζει βιβλία πεντακοσίων σελίδων που δανείζεται από την βιβλιοθήκη. Διαβάζει επίσης καθημερινά και εφημερίδα. Εξετάζει λεπτομερώς τις στήλες της κι έπειτα γράφει επιστολές σε κυβερνητικούς παράγοντες για να δώσουν χάρη σε θανατοποινίτες. Εργάζεται για την ειρήνη και τη δικαιοσύνη, με ένα γράμμα τη φορά. Η μητέρα του λέει πως ο γιος της τώρα πια γνωρίζει για την πολιτική ζωή περισσότερα από την ίδια.

Το παιδί αυτό πάντα θα έχει τη νοητική υστέρηση, αλλά με τις ευλογίες της Άμμα διαθέτει μια χρυσή καρδιά και γνωρίζει ποιο είναι το νταρμικό μονοπάτι που πρέπει να ακολουθήσει.

Είμαστε τόσο ευλογημένοι που έχουμε το φως της καθοδήγησης μιας τόσο μεγάλης ψυχής σαν την Άμμα, να ακτινοβολεί ελπίδα στο μονοπάτι μας, δείχνοντάς μας τον δρόμο να περπατάμε με ασφάλεια μέσα σε αυτόν τον τρελό κόσμο, σε τόσο δύσκολους καιρούς. Χρειάζεται πάντα να προσπαθούμε να ελπίζουμε, ακόμα κι όταν πιστεύουμε πως όλος ο κόσμος στρέφεται εναντίον μας. Προσπαθήστε πάση θυσία να κερδίσετε την εκπληκτική χάρη του Γκούρου. Το μόνο που χρειάζεται είναι να καταβάλλετε τη σωστή προσπάθεια και να αναπτύξετε το σωστό τρόπο σκέψης.

Κεφάλαιο 17

Οδηγώντας τα Βήματά μας

Η Άμμα μας αποδεικνύει με κάθε τρόπο ότι είναι πάντα μαζί μας. Η φροντίδα και η προστασία Της δεν έχουν τέλος. Όπου κι αν πάμε στον κόσμο, μας φροντίζει με μια Θεϊκή αγάπη που δεν θα μας εγκαταλείψει ποτέ.

Μια γυναίκα με πλησίασε στην Αυστραλία και μου διηγήθηκε μία σχεδόν απίστευτη ιστορία. Ήθελε να αγοράσει στην κόρη της κάποιου είδους φυλαχτό, για να την προστατεύει σ' ένα τότε επικείμενο ταξίδι της στη Νότια Αμερική. Αποφάσισε να της πάρει ένα βραχιόλι αστράγαλου με χάντρα ρουντράκσα που είχε ήδη φορέσει η Άμμα.

Δυστυχώς, στο ταξίδι η κόρη της αρρώστησε βαριά σ' ένα μικρό χωριό. Δεν καταλάβαινε την γλώσσα των ντόπιων και δεν είχε κανέναν κοντά της να τη βοηθήσει. Βλέποντας ότι είναι άρρωστη, μία από τις γυναίκες του χωριού την

πλησίασε. Είδε το κόσμημα στο πόδι του κοριτσιού και έκανε μια χειρονομία. Δείχνοντάς το, την ρώτησε: «Άμμα;» Παρά το ότι δεν μπορούσαν να καταλάβουν η μία την γλώσσα της άλλης, ανακάλυψαν μια λέξη που δημιούργησε ένα δυνατό δεσμό μεταξύ τους.

Η γυναίκα πήρε το κορίτσι μαζί της στο σπίτι. Η κοπέλα ένιωσε έκπληξη και ευγνωμοσύνη όταν αντίκρισε μια φωτογραφία της Άμμα στον τοίχο του μικρού σπιτιού του χωριού. Αυτή η γυναίκα είχε γνωρίσει την Άμμα κι είχε πάρει το ντάρσαν Της σ' ένα από τα προγράμματά Της στη Χιλή. Μία φωτογραφία με τα πόδια της Άμμα ήταν σε περίοπτη θέση στην είσοδο του σπιτιού της.

Η γυναίκα αυτή φρόντισε το κορίτσι μέχρι να γίνει καλά. Εκείνη κάλεσε αργότερα τη μητέρα της να της πει την ιστορία· ένιωθε πως η Άμμα της είχε σώσει πραγματικά τη ζωή και την είχε προστατέψει με τόσο γλυκό τρόπο τη στιγμή της ανάγκης.

Έχουμε την παρουσία του μεγαλύτερου, του πιο συμπονετικού, φωτισμένου Δασκάλου που έχει ζήσει ποτέ σε αυτή τη Γη. Μας προσφέρει την προστασία Της και το δροσερό αεράκι της Χάρης Της, στη μέση της ερήμου της ζωής.

Ακόμα κι όταν οι καιροί κι οι καταστάσεις μοιάζουν δύσκολες, Εκείνη μας προστατεύει. Ίσως χρειάζεται να υποφέρουμε λίγο. Μπορεί απλά αυτό να είναι το πεπρωμένο μας, όμως η Άμμα προσφέρει τη σκιά Της σε όλους. Είναι πάντα εκεί. Αυτή είναι η υπόσχεσή Της.

Μια πιστή έγραψε την παρακάτω ιστορία για την εμπειρία της με την Άμμα:

«Ήταν το 2007, ήταν τέλος της άνοιξης και ετοιμαζόμουν να δω την Άμμα στο Πουγιαλάπ, κοντά στο Σιάτλ για το ντάρσαν. Ήμουν τόσο ενθουσιασμένη εκείνη τη μέρα γιατί ο καλύτερός μου φίλος με κάλεσε να μου πει ότι ήθελε να έρθει στο πρόγραμμα μαζί μου. Αυτός ο φίλος δεν είχε ποτέ πριν ενδιαφερθεί να συναντήσει την Άμμα. Για χρόνια του ζητούσα να έρθει, κάποιες φορές τον ικέτευα, όμως πάντοτε αντιστεκόταν στο να πάει να Την δει. Είχα δείξει μια φωτογραφία του στην Άμμα ένα χρόνο νωρίτερα για να σιγουρευτώ ότι θα λάμβανε τις ευλογίες Της, όμως ποτέ δεν του είπα ότι το είχα κάνει. Αμέσως μετά απ' αυτό, άλλαξε γνώμη κι αποφάσισε να έρθει να δει την Άμμα. Αυτό ήταν το πρώτο μικρό θαύμα.

Τέλος πάντων, καθώς ετοιμαζόμουν αισθανόμουν μεγάλη χαρά που για πρώτη φορά θα τον έπαιρνα μαζί μου. Στη διαδρομή, ενώ πήγαινα με το αυτοκίνητο να τον πάρω, ένιωθα να είμαι σε έκσταση από χαρά κι ευγνωμοσύνη. Κύματα ευδαιμονίας με διαπερνούσαν και δάκρυα κυλούσαν στα μάγουλά μου. Έπρεπε να πιέσω τον εαυτό μου για να συγκεντρωθώ στο δρόμο. Έφτασα στο σπίτι του και ξεκινήσαμε για το Πουγιαλάπ. Οδηγούσα στη λωρίδα ταχείας κυκλοφορίας θέλοντας να φτάσω στο πρόγραμμα όσο το δυνατόν νωρίτερα. Ξαφνικά το αυτοκίνητό μου σταμάτησε να λειτουργεί. Έβλεπα το ταχύμετρο να πέφτει. Το τιμόνι και τα φρένα σταμάτησαν να ανταποκρίνονται. Δεν μπορούσα να το ελέγξω. Είχε πολλή κίνηση στο δρόμο εκείνη τη μέρα, όμως με κάποιον τρόπο το αυτοκίνητο πέρασε και τις τέσσερις λωρίδες κυκλοφορίας με ασφάλεια και σταμάτησε στην άκρη του δρόμου. Δεν μπορώ να εξηγήσω πώς ένα αυτοκίνητο που έχει χάσει όλη του την ισχύ και θα έπρεπε να έχει ακινητοποιηθεί, κατάφερε να περάσει όλη αυτήν την κίνηση, αλλά το έκανε. Αυτό είναι το θαύμα της χάρης της Άμμα. Μας έσωσε τη ζωή εκείνη τη μέρα.

Αφού επανήλθε η ανάσα μας και σταματήσαμε να κοιτάμε τριγύρω κατάπληκτοι, προσπάθησα να γυρίσω τη μίζα κι άκουσα έναν τρομακτικό θόρυβο από τη μηχανή. Βγήκαμε από το αυτοκίνητο, ανοίξαμε το καπό και είδαμε ότι η μηχανή είχε πάρει φωτιά. Η φωτιά είχε σβήσει από μόνη της, όμως η μηχανή έβγαζε ακόμα καπνούς και το καπό είχε καεί άσχημα.

Τι να κάναμε; Είχαμε αποκλειστεί στον αυτοκινητόδρομο με ένα αυτοκίνητο που δεν πήγαινε πουθενά εκείνη τη μέρα. Καλέσαμε οδική βοήθεια και ρυμουλκήσαμε το αυτοκίνητο πίσω στο σπίτι του φίλου μου. Εκείνος σκέφτηκε ότι ήταν σημάδι πως δεν ήταν γραφτό να πάμε να δούμε την Άμμα, αλλά εγώ δεν ήθελα να ακούσω τίποτα. Του είπα ότι απλά έπρεπε να οδηγήσει εκείνος γιατί έπρεπε οπωσδήποτε να πάμε.

Φτάσαμε αργά στην αίθουσα του ντάρσαν, καταφέραμε όμως να πάρουμε χαρτιά προτεραιότητας. Προς έκπληξη και χαρά μου οι αριθμοί ήταν κοντινοί, που σήμαινε ότι θα βλέπαμε την Άμμα σχετικά σύντομα.

Όταν βρέθηκα στην αγκαλιά της Άμμα μια ομάδα πιστών ξεκίνησε να τραγουδά. Ένας από τους τραγουδιστές ξεκίνησε μια σόλο ερμηνεία (τραγουδώντας φάλτσα) με τόση αφοσίωση, που η Άμμα τον άκουγε εκστασιασμένη καθ' όλη τη διάρκεια του τραγουδιού. Με κρατούσε στα χέρια Της όλη την ώρα, κουνώντας με και γελώντας. Όλες οι σκοτούρες και οι ανησυχίες έφυγαν από το νου μου. Καθώς με κρατούσε και με παρηγορούσε, ήταν ξεκάθαρο ότι ήξερε ακριβώς τι μας είχε συμβεί. Ήταν το μεγαλύτερο σε διάρκεια ντάρσαν που πήρα ποτέ. Ο φίλος μου πήρε το ντάρσαν του αμέσως μετά και είχε πραγματικά συγκινηθεί από την εμπειρία του με την Άμμα.

Πραγματικά νιώθω ότι η Άμμα έσωσε τις ζωές μας εκείνο το απόγευμα. Δεν υπάρχει αμφιβολία στο νου μου ότι ήταν η χάρη της Άμμα που οδήγησε με ασφάλεια το αυτοκίνητό μας εκείνο το βράδυ. Καθώς γράφω αυτές τις λέξεις τα μάτια μου γεμίζουν δάκρυα. Η Άμμα συνεχώς με προσέχει όλα τα χρόνια, με οδηγεί και είναι συνεχώς συντροφιά μου. Θα μείνω για πάντα στην αγκαλιά Της. Είναι η ανάσα μου και έχει όλη την αφοσίωση και την αγάπη της ψυχής μου.»

Το μόνο που χρειάζεται είναι λίγη προσπάθεια και πίστη από μέρους μας και θ' αρχίσουμε να βλέπουμε το τρυφερό χέρι της Άμμα να οδηγεί το κάθε μας βήμα. Χρειάζεται να καλλιεργήσουμε την πίστη ότι μια ανώτερη Θεϊκή Συνειδητότητα μας οδηγεί με ασφάλεια μέσα απ' όλα τα γεγονότα, γιατί αυτή είναι η αλήθεια.

Κεφάλαιο 18

Καλλιεργώντας την Αθώα Πίστη

Όταν παρακολουθούμε την Άμμα είναι σημαντικό να μην Την κρίνουμε απ' αυτά που εμείς αντιλαμβανόμαστε ότι κάνει. Είναι προτιμότερο απλώς να αποδεχόμαστε τις πράξεις Της, γνωρίζοντας ότι είναι πάντα για το καλύτερο. Οτιδήποτε κάνει είναι μόνο προς όφελός μας. Εμείς κατοικούμε σε αυτό το βασίλειο των τριών διαστάσεων, όμως η συνειδητότητα της Άμμα κατοικεί σ' ένα εντελώς άλλο μέρος. Ποιος γνωρίζει πόσες διαστάσεις υπάρχουν;

Κάποτε, κάποιοι ατομικοί επιστήμονες Την ρώτησαν: «Μπορείς να μας εξηγήσεις τη Δημιουργία;» Εκείνη αποκρίθηκε: «Η Δημιουργία λαμβάνει χώρα σε μια ανώτερη διάσταση. Εσείς κατοικείτε μόνο στις τρεις διαστάσεις, οπότε ο νους σας δεν είναι έτοιμος να φτάσει πέρα απ' αυτές και να κατανοήσει.» Δεν χρειάζεται

λοιπόν να καταλάβουμε, ας έχουμε απλά πίστη και εμπιστοσύνη.

Η συνειδητή προσπάθεια να καλλιεργήσουμε την πίστη σε κάποιον Μαχάτμα σαν την Άμμα, είναι μια κίνηση τόσο αγνή, που θα αποφέρει έναν ασύλληπτο αριθμό ευλογιών για εμάς σε αυτή τη ζωή. Χρειάζεται να αναπτύξουμε δυνατή πίστη, ώστε η Άμμα ν' ακούει όλες τις προσευχές μας. Έχουμε τόση πίστη σε ευτελή πράγματα στη ζωή μας, πιστεύοντας ένα σωρό ανόητους ανθρώπους που μας λένε χαζά πράγματα. Ας προσπαθήσουμε να καταλάβουμε ότι η Άμμα ακούει τις προσευχές, τις επιθυμίες και τις ευχές μας. Μπορούμε να συνδεθούμε ολοκληρωτικά μαζί Της όταν καλλιεργούμε ένα δεσμό αγάπης –αφού η αγνή αγάπη δεν γνωρίζει αποστάσεις.

Μία κυρία μου είπε ότι αμφέβαλλε πάντα για το αν η Άμμα την ήθελε ή την χρειαζόταν. Υπήρχαν πάντοτε πολλοί άνθρωποι στο πλήθος και αυτή η γυναίκα αναρωτιόταν αν θα έλειπε στην Άμμα εάν δεν ήταν εκεί. Αποφάσισε να δοκιμάσει την Άμμα. Σκεφτόταν από μέσα της: «Αν η Άμμα με θέλει πραγματικά εδώ, θα με κάνει Εκείνη να μείνω για το πρόγραμμα.»

Όταν δεν φάνηκε κανένα σημάδι για να μείνει, σκέφτηκε: «Εντάξει...ας πάω στο αυτοκίνητο, φεύγω. Η Άμμα δεν μου έστειλε κάποιο σημάδι.»

Πήγε έξω στο αυτοκίνητο και προσπάθησε να ξεκινήσει, η μηχανή όμως δεν έπαιρνε μπρος και η γυναίκα ταράχτηκε πολύ. Είχε κολλήσει εκεί, έχοντας ήδη ξεχάσει ότι είχε ζητήσει κάποιο σημάδι από την Άμμα. Αποδέχτηκε απλά το γεγονός ότι είχε παγιδευτεί στο πρόγραμμα εκείνο το απόγευμα.

Στο τέλος της βραδιάς σκέφτηκε: «Είναι ώρα να φύγω. Θα πάω να ελέγξω αν ξεκινάει τώρα το αμάξι». Πήγε στο αυτοκίνητο ξανά, άναψε τη μηχανή και αυτή ξεκίνησε αμέσως, επιτρέποντάς της να πάει σπίτι χωρίς πρόβλημα. Και μόνο μετά από αρκετή ώρα συνειδητοποίησε ότι η απάντηση της Άμμα είχε εμφανιστεί μ' έναν τρόπο που εκείνη ποτέ δεν είχε φανταστεί.

Οι περισσότεροι από εμάς θέλουμε ολόκληρο το σύμπαν να έρθει σε εμάς με τον τρόπο που περιμένει το μικρό μυαλό μας –σπάνια όμως τα πράγματα λειτουργούν έτσι.

Όταν κάποιος μας έχει αποδείξει ποιος είναι, όπως η Άμμα, είναι ώρα να σταματήσουμε να αμφιβάλλουμε· γιατί μόνο Εκείνη γνωρίζει τι είναι σωστό, τι είναι αληθινό και τι χρειαζόμαστε. Εμείς πρέπει να προσπαθήσουμε να υποκλιθούμε και να παραδώσουμε το εγώ μας, κι όχι να κρίνουμε με την παραμορφωμένη αντίληψή μας.

Η Άμμα εξηγεί, μέσα από το παρακάτω διασκεδαστικό ανέκδοτο, το είδος της πίστης που χρειάζεται να αναπτύξουμε, ώστε ν' ακούμε τη φωνή του Δασκάλου καθαρά μέσα μας.

Σ' ένα χωριό είχε ξηρασία για πάρα πολύ καιρό. Δεν είχε βρέξει ούτε σταγόνα. Οι χωρικοί αποφάσισαν να κάνουν μια τελετή για να επικαλεστούν τη βροχή. Το βράδυ της τελετής, χιλιάδες άνθρωποι μαζεύτηκαν για να πάρουν μέρος σ' αυτήν. Ανάμεσα στους χιλιάδες που συμμετείχαν, υπήρχε μόνο ένα μικρό κορίτσι που είχε φέρει μαζί του ομπρέλα. Κάποιοι το ρώτησαν: «Γιατί έφερες μαζί σου ομπρέλα, μια τόσο ηλιόλουστη ημέρα;»

Το κορίτσι απάντησε: «Μετά την τελετή θ' αρχίσει να βρέχει, έτσι δεν είναι; Την έφερα για να μην βραχώ.» Παρά το γεγονός ότι ο ήλιος έλαμπε, εκείνη πίστευε ακλόνητα πως θα έβρεχε. Το κορίτσι κρατούσε ομπρέλα γιατί δεν υπήρχε καμιά αμφιβολία στο νου του ότι η τελετή θα έφερνε αποτέλεσμα. Μόνο αυτό το παιδί είχε ολοκληρωτικά αγνή πίστη, που είναι το είδος της πίστης που χρειάζεται ν' αναπτύξει ένας μαθητής.

Μέσα από την πίστη αφυπνίζουμε τη δύναμη και τις ικανότητες που υπάρχουν μέσα μας. Η πίστη μας επιτρέπει να καλλιεργήσουμε την αυτοπεποίθηση –την πίστη στον πραγματικό Εαυτό μας. Αυτή η αυτοπεποίθηση μας βοηθά να προσεγγίσουμε τη Θεϊκότητα μέσα μας. Η Άμμα αναφέρει πως όλοι έχουμε το Θεό μέσα μας, αλλά δεν συνειδητοποιούμε την παρουσία Του. Μέσα από την πίστη και την παράδοση μπορούμε να προσεγγίσουμε αυτή την κατανόηση. Αφού ξεκινήσουμε την πορεία προς αυτή την εσωτερική πηγή, γινόμαστε πολύ πιο ικανοί να νιώσουμε τη Θεϊκή παρουσία μέσα μας.

Γεννιόμαστε για να μάθουμε να κυριαρχούμε στο νου μας, έτσι ώστε να βλέπουμε την ομορφιά της Θεϊκότητας παντού, όπως κάνει η Άμμα. Αυτός ο κόσμος είναι απλά μια Θεϊκή εκδήλωση. Πρέπει να μάθουμε να κολυμπάμε στα νερά της ύπαρξης, ακόμα κι αν αυτά απειλούν να μας πνίξουν κάποιες φορές. Χρειάζεται να μάθουμε να χορεύουμε στη βροχή, όπως αγαπά να κάνει η Άμμα. Εάν τα καταφέρουμε, θα είναι σαν να φτάνουμε στις κορυφές της πνευματικότητας.

Η Άμμα ακούει τις προσευχές και τα προβλήματά μας και μας δίνει τόσα πολλά. Δίνει ντάρσαν για ατελείωτες ώρες και δέχεται τους πάντες. Με αυτό που κάνει, ενσταλάζει μέσα μας την πίστη ότι αν Εκείνη μπορεί να το κάνει, τότε μπορούμε κι εμείς να αντιμετωπίσουμε οτιδήποτε. Και πραγματικά μπορούμε.

Η Άμμα μας έχει χαρίσει πολλές όμορφες και ξεχωριστές αναμνήσεις. Είναι σαν πολύτιμοι λίθοι κρατημένοι στην κοσμηματοθήκη της καρδιάς μας. Είθε η θύμησή Της να γίνει το θεμέλιο της ζωής μας και οι αρετές της αγάπης, της ανιδιοτέλειας και της ευγνωμοσύνης να ακτινοβολούν στη ζωή μας.

Γιατί να μην φανταζόμαστε πως η Άμμα μας κρατά το χέρι και μας οδηγεί; Γιατί στην πραγματικότητα Εκείνη αυτό κάνει –και δεν θα το αφήσει ποτέ.

www.ingramcontent.com/pod-product-compliance
Lightning Source LLC
Chambersburg PA
CBHW060159050426
42446CB00013B/2900